Maravillosamente Creada

Este Libro pertenese a

Lumidia Jimens

Maravillosamente Creada

Pensamientos devocionales para convertirte en una hermosa mujer de Dios

inspiración para la vida

CASA PROMESA

Una división de Barbour Publishing, Inc.

Creación maravillosa

¡Te alabo porque soy una creación admirable! ¡Tus obras son maravillosas, y esto lo sé muy bien!

Salmo 139.14 nvi

Nosotras las mujeres somos una de las más asombrosamente diversas creaciones de Dios. Desde nuestros dones y talentos, hasta nuestras inseguridades y complejos, nuestro Padre celestial quiere que descubramos que Él nos hizo realmente maravillosas... que Él nos valora... que Él nos ama incondicionalmente y que Él desea tener una relación más íntima con nosotras.

En estas páginas encontrarás el aliento que necesitas, mientras procuras vivir una vida que esté firmemente arraigada en el tierno amor del Padre. Eres —y siempre serás— ¡una creación maravillosa!

Un exquisito aroma

Y nosotros somos ese suave aroma que Cristo
ofrece a Dios. Somos como un perfume que
da vida a los que creen en Cristo.

2 Corintios 2.15–16 TLA

Ella entró alegremente y se sentó delante de mí en un
juego de baloncesto en la Universidad de Indiana aquella
fría noche de febrero. Era una mujer mayor de edad,
vestida con un conjunto de oficina color azul marino, con
una bufanda roja y blanca amarrada elegantemente en
el cuello. Tenía su cabello corto y canoso nítidamente
acomodado detrás de sus orejas y su lápiz de labios era el
perfecto color carmesí que identificaba a la universidad.

Hubiera dicho que tenía entre cincuenta y
cincuenta y cinco años —probablemente profesora de la
universidad. Tan pronto se sentó en su asiento, un aroma
exquisito impregnó el aire. Se abrió paso por encima

de los olores a palomitas de maíz frías, salchichas calientes quemadas e invadió mis fosas nasales. Aspiré profundamente y dije: «Mmmm».

—¿Puedes oler ese perfume? —le susurré a mi madre.

—¡Sí, huele fantástico! —me contestó.

No cabía la menor duda. Aquel aroma exquisito había llegado con la elegante dama sentada frente a nosotras. Tan pronto sonó la bocina del intermedio, me incliné hacia el frente y toqué a la dama en el hombro.

—Discúlpeme, usted huele riquísimo. ¿Podría decirme qué perfume lleva?

—Muchas gracias —respondió y luego me dio el nombre del perfume.

Compartí la información con mi madre, y ambas hicimos una nota mental para nuestro siguiente viaje de tiendas para comprar perfumes. Quería oler justo como la dama elegante de pelo canoso.

¿Sabes? La Biblia dice que somos el perfume de Cristo. Cuando entramos a un lugar, debemos llevar Su fragancia con nosotros. Su aroma debe ser tan agradable que la gente debe tocarnos en el hombro y decirnos: «Discúlpeme, usted huele riquísimo. ¿Podría decirme qué perfume lleva?» Y con esa oportunidad, podemos compartir a Jesucristo con cada persona que note nuestro olor a Cristo.

Tal vez tu fragancia se parezca más a las palomitas de maíz frías o a las salchichas calientes quemadas. Si es así, simplemente necesitas un «embellecimiento de aroma». Pídele a Dios que reemplace tu perfume humano con Su divina fragancia para así poder ser testigo de Su dulzura dondequiera que vayas. Pídele al Señor que te llene con Su amor fragante para que impregne el lugar antes de que entres. Él lo hará. Él no quiere que Sus hijas anden por ahí oliendo mal. Después de todo, somos el perfume de Cristo, y ese es mejor que hasta el más fino de los perfumes. (MMA)

Dios se alegra cuando te sientes segura de ti misma

Me alegro de que puedo confiar plenamente en ustedes.

2 CORINTIOS 7.16 NVI

«¡Dios quiere que tengas confianza!».

Aquellas palabras hacían eco en mi cabeza mientras trataba de no hiperventilar. Mi miedo escénico estaba provocando que me sudaran las palmas de las manos y me temblaran las rodillas. Mientras esperaba que me presentaran, luchaba por mantener la calma, mientras recordaba aquellas palabras de ánimo de una dama en mi iglesia. Yo quería a Ann entrañablemente. Ella había sido mi mentora espiritual y como una madre para mí. Cuando recibí mi primera invitación para hablar en una iglesia, busqué su consejo.

—No estoy segura de que pueda hacer esto. Hasta el pensamiento de pararme delante de todas esas personas provoca unas reacciones muy extrañas en todo mi cuerpo.

—Pero esto es un regalo, es una oportunidad de parte de Dios para compartir tu testimonio, para contarle a esas personas lo que Él ha hecho en tu vida. No puedes darle la espalda a eso —me dijo con una sonrisa.

—¿Qué clase de testimonio daría si hago el ridículo?

—No lo harás. Ora por esto. Él te dio la historia, te permitió vivirla. Y ciertamente Él te dará la confianza para compartirla. Recuerda lo que Pablo les escribió a los corintios, de una vez se enderezaron y comenzaron a caminar por el camino correcto. Comenzaron a ganar confianza en su fe y Pablo se regocijó en eso —Ann me dijo mientras me abrazaba—. ¡Dios quiere que te sientas segura de ti misma!

Inhalé profundamente y exhalé poco a poco, mientras escuchaba a la anfitriona terminar su presentación. «Listo, Dios», susurré, «ayúdame en esta y ambos nos regocijaremos». Entré al escenario, saludé a

la anfitriona y me aguanté de cada lado del podio como si fuera a salir volando. Mi voz sonaba temblorosa, pero tan pronto mi mensaje comenzó a fluir, me relajé.

Y por supuesto, Dios me ayudó en aquella ocasión y muchas veces más desde entonces, más que nada porque las palabras de Ann tuvieron un impacto que jamás ha disminuido. Dios quiere que nos sintamos seguras de nosotras mismas: en nuestra fe, en nuestros dones, y especialmente en Él y el Señor se alegra cuando nuestra confianza en Él nos da la seguridad para enfrentar cualquier reto que Él nos ponga enfrente. (RR)

Historias de parto

No teman lo que ellos temen, ni se dejen asustar.

Isaías 8.12 nvi

Ve a cualquier *baby shower* y, tarde o temprano, comenzarás a escuchar las historias de parto. Las comparaciones cubren toda la gama: desde los esposos nerviosos hasta los partos más largos. Personalmente, me intrigan los lugares poco comunes en los que los bebés deciden nacer, sin tomar en cuenta los inconvenientes ni la modestia de sus madres.

Mi tía June dio a luz a uno de sus hijos en el elevador, mientras intentaba llegar a la sala de parto del hospital. El esposo de Pat estaba firme en que su esposa no diera a luz a su hijo en su nuevo Cadillac. (No iban a llegar a tiempo al hospital.) Así que Pat tuvo a su «paquetito de alegría» en la mesa de la cocina. La historia de Grace puede que sobrepase a la de Pat y a la de June.

Hace muchas décadas atrás, Grace y su esposo, Bill, eran misioneros en la selva de Indonesia. Su segunda hija nació en el lugar donde se alojaban, y Bill fue el médico del parto. Bill no era doctor, ni enfermero, ni técnico de emergencias médicas ni paramédico. En aquellos días, no existía el 911, y mucho menos en la selva. Pero Bill «leyó» sobre cómo ayudar en el parto de un bebé. Y cuando llegó el momento, él y Grace y el recién nacido simplemente lo hicieron.

Lo que más me sorprende de estas tres mujeres y sus historias pintorescas es la ausencia de pánico en sus situaciones. Cada una de ellas decidió que simplemente haría lo que ameritaba la ocasión: ¡pujar! June y Pat no planificaron sus partos poco convencionales, pero Grace sí lo hizo. La mayoría de nosotros sentiría miedo de dar a luz a millas de distancia de cualquier tipo de ayuda o instalación médica. Nuestro bienestar está sujeto a lo familiar —al tipo de cuidado estándar y conocido. La paz de Grace estaba sujeta a su Dios. Tenía la certeza de que ella y su esposo estaban haciendo lo que Dios les había llamado a hacer y donde Él los había llamado a hacerlo.

Cuando llegó la fecha de su parto, ella había pasado mucho tiempo preparándose en oración. Estaba lista.

Grace ya tiene más de noventa años y ha pasado por muchos momentos difíciles en meses recientes. El Alzheimer de Bill se lo ha robado de muchas maneras. La salud de Grace falla, también. Le tuvieron que amputar una pierna. Mientras conversaba con ella una noche, se frotó la pierna que ahora le termina en la rodilla.

«Nunca pensé que esto me pasaría...», comenzó. Pero luego controló las lágrimas que amenazaban por brotar y levantó su rostro. «Dios es fiel. Él me cuida. Pasaremos por esto juntos». Grace nunca ha cedido ante la autocompasión —no lo hizo cuando tuvo a su bebé en la selva ni cuando perdió su pierna. Su serenidad no es un secreto. Su «Señor es un Dios que todo lo sabe» (1 Samuel 2.3 NVI), y ella se siente satisfecha. (KAD)

Promesas rosadas

Y estoy convencido de que nada podrá jamás
separarnos del amor de Dios. Ni la muerte
ni la vida, ni ángeles ni demonios.

ROMANOS 8.38 NTV

Luego de la muerte de papá, mi hermana y yo ayudamos
a mamá a poner en orden sus pertenencias. No podía
esperar para buscar en la gaveta especial de papá: era la
que estaba en su mesita de noche y la que él mantenía
fuera del alcance de nosotros los niños. Recuerdo una
vez que estaba tratando de abrir la gaveta sin hacer ruido
para tomar un par de monedas de su cajita con cambio
(quería jugar Pac-Man en la sala de juegos local), pero
mientras comenzaba a estirar mi mano, escuché la voz
de papá: «Michelle Leigh Medlock, ¡cierra mi gaveta
inmediatamente!». Él no tenía problema con darme el

dinero para jugar Pac-Man, simplemente no me quería rebuscando en su gaveta especial.

Por años me pregunté qué podía haber en aquel cajón de tesoro escondido. ¿Por qué lo protegía tanto? Ahora finalmente lo sabría. Mientras buscaba entre las cosas de Papá, encontré muchos artículos comunes y corrientes. Su peinilla. Su corta uñas. Su sujetador de dinero. Fotos de familia. Montones de monedas. La calculadora especial que usaba en su negocio. Y una caja de seguridad. Cuando la abrimos, encontramos documentos importantes, como la licencia de matrimonio de él y mamá, los certificados de nacimientos y los diminutos brazaletes del hospital de sus tres hijos, dos rosados y uno azul. Las palabras se habían tornado amarillentas con el paso de los años, pero todavía se podía leer «Niña Medlock» y mi fecha de nacimiento en uno de ellos. Apreté a mi pecho aquel pequeño brazalete rosado por lo que pareció ser muchas horas. En aquel momento, entendí lo mucho que mi papá me atesoraba. Me amaba tanto que hasta guardó mi brazalete de bebé.

Hoy día guardo ese brazalete en un compartimiento secreto en mi cartera como un recordatorio de cuánto me amaba mi papá. Tal vez no tengas un padre terrenal amoroso. O quizás ni conozcas a tu padre. Pero tengo buenas noticias para ti: tienes un Padre celestial que te atesora, y tiene pequeños brazaletes rosados —Sus promesas de amor— por todas partes en Su Palabra. Cada vez que encuentras una (como Jeremías 31.3 RVR1960, que dice: «Con amor eterno te he amado»), vas a desear apretarla cerca de tu pecho —tal como yo hice. Dedica hoy algo de tiempo a descubrir cuánto te ama tu Padre celestial. Llenará tu corazón con un gozo real que perdurará para toda la vida. (MMA)

La mujer más bella del mundo

*Los israelitas veían que su rostro resplandecía,
Moisés se cubría de nuevo el rostro, hasta que
entraba a hablar otra vez con el Señor.*

ÉXODO 34.35 NVI

La leyenda del cine, Audrey Hepburn, fue seleccionada
como la mujer naturalmente más bella de todos los
tiempos por un panel de expertos en junio de 2004.
Hepburn, la estrella de *Vacaciones en Roma* y *Desayuno
en Tiffany's*, se mantuvo a la cabeza de la encuesta hecha
entre editores de belleza, maquillistas, editores de moda,
agencias de modelos y fotógrafos de moda, a quienes se
les pidió que seleccionaran a las diez mujeres más bellas
entre una lista de cien de ellas.

Las mujeres fueron seleccionadas según su
«representación» de belleza natural, estilo de vida
saludable, *bellas por dentro y por fuera*, con un cutis

bello y un rubor natural acentuando su personalidad y su semblante. El artículo continúa diciendo que Audrey Hepburn es la personificación de belleza natural porque «tiene un encanto poco común y una *belleza interior* que irradia cuando sonríe. Su cutis se ve fresco en todas sus películas y su personalidad realmente resplandece como una persona cálida y llena de entusiasmo».

¡Ese es un gran tributo! ¿No te parece espectacular ser parte de la lista de las 100 Mujeres más bellas de todos los tiempos —y ni hablemos de ser seleccionada como la número uno? Pero, ¿notaste que la belleza interior de Audrey Hepburn fue mencionada dos veces por los jueces como un motivo para seleccionarla? Claro que hubo muchas otras bellezas que formaron parte de la lista: Marilyn Monroe, Cleopatra. Algunas tal vez eran mucho más hermosas que Hepburn; sin embargo, carecían de belleza interior, a pesar de que su belleza exterior era impresionante.

¿No te parece que esas son buenas noticias? Eso quiere decir que aunque nuestro cutis no sea perfecto, aunque nuestros dientes no estén perfectamente alineados y aun si nuestro cabello tiene más días malos que buenos, aún así podemos «irradiar belleza» debido a nuestra hermosa naturaleza interior. En otras palabras, si tu corazón está lleno con el amor de Jesús, esto provocará que resplandezcas. ¿Sabías que Moisés tuvo que cubrir su rostro luego de haber pasado tiempo en la presencia de Dios porque su rostro realmente resplandecía? ¡Es cierto!

Pasa hoy algo de tiempo con Dios y permítele al Maestro que te haga un tratamiento de belleza completo. Muy pronto, irradiarás Su amor y la gente te encontrará muy atractiva. Es posible que hasta diga: «¡Estás resplandeciente!». (MMA)

¿Qué te está limitando?

¡Gracias por hacerme tan maravillosamente compleja!
Tu fino trabajo es maravilloso, lo sé muy bien.

SALMO 139.14 NTV

Fanny Crosby, la compositora de más de nueve mil himnos y otros mil poemas y canciones seculares, nunca permitió que sus retos físicos detuvieran el llamado que sentía en su vida. Ni permitió que su discapacidad se convirtiera en un estorbo en su relación con Dios.

Cuando Fanny nació en 1920 ella podía ver. Pero seis semanas más tarde, sufrió de una infección en los ojos. El doctor de la familia no estaba disponible, así que buscaron ayuda en un hombre que decía estar médicamente calificado para ayudarles. Él aplicó un cataplasma en los ojos de Fanny, que los dejó cicatrizados. El «doctor» se fue del pueblo y dejó a Fanny ciega.

Crecer ciega no fue fácil, pero Fanny no le echó la culpa a Dios por su situación. No preguntó: «¿Por qué a mí?». En lugar de esto, decidió en su corazón que marcaría una diferencia en este mundo. Y expresó ese deseo en su primer poema:

Oh, qué persona tan feliz soy;
Aunque no pueda ver,
Me he propuesto que en este mundo,
Satisfecha estaré.
¡Cuántas bendiciones tengo,
Que otros no pueden tener!
Llorar y suspirar porque soy ciega,
No puedo, y no lo voy a hacer.

Cuando la adversidad aparece en la vida, las personas responden de distintas maneras. Algunas se rinden. Algunas se enojan con Dios. Y otras deciden que alcanzarán sus metas y sueños con más ahínco, como el caso de Fanny. Sin sus himnos «Salvo en los brazos de Jesús», «Avívanos, Señor», «Comprado con sangre por Cristo» y muchos otros, nuestro mundo no sería el mismo.

Así que, esta es mi pregunta para ti: ¿Qué te está limitando? Si has estado lidiando con una discapacidad dolorosa o si hay circunstancias fuera de tu control que te han mutilado emocionalmente, a Dios le importa. Él sabe que estás sufriendo. Pero Él quiere darte belleza por cenizas. Él quiere que sepas que Sus planes para ti han existido desde antes de los fundamentos de la tierra. A pesar de tus problemas, el plan de Dios para ti nunca ha cambiado, ¡y Su plan es bueno!

Si no conoces el plan que Dios tiene para ti, pídele que te lo muestre. Dile que estás lista para llevar a cabo todo lo que Él quiere que hagas. Igual que Fanny, tú eres una parte importante en Su plan general en este mundo. Sigue adelante. Camina en ese plan. (MMA)

Un asunto pesado

Si a alguno de ustedes le falta sabiduría, pídasela
a Dios, y él se la dará, pues Dios da a todos
generosamente sin menospreciar a nadie.

Cuando estás haciendo la fila en el supermercado, no
puedes evitar notar las distintas revistas para mujeres
que anuncian títulos como: «¡Pierde 10 libras en 10
días!» «Camina el trayecto a un peso saludable» «Pierde
esas últimas cinco libras comiendo tofú».

Si te pareces a mí, es posible que compres varias
de esas revistas todos los meses, e intentes comer tofú
por varios días y luego te rindes, y buscas un paquete de
M&Ms.

Con el paso de cada década, controlar tu peso se
vuelve más difícil. Nuestro metabolismo va más despacio
si no haces constante ejercicio, y el peso poco a poco se

va acomodando en nuestra cintura, nuestros muslos y nuestras caderas. ¡Ah! Si tus «vaqueros de gorda» hoy te quedan muy bien, entonces no estás sola. Según las autoridades de la salud, más de la mitad de las mujeres adultas en Estados Unidos está sobrepeso, y más de una tercera parte, es obesa. Obviamente, tenemos algo de tarea en esta área. Pero aquí están las buenas noticias: no tenemos que hacer ese trabajo solas.

A Dios le importan todos los detalles que afectan nuestras vida, ¡incluyendo esas cinco, diez o veinte libras de más que no quieren desaparecer! Permite que Él te ayude a alcanzar tu peso ideal. Pídele que se involucre en tu misión de vivir un estilo de vida más saludable y en forma.

La esposa de mi pastor ha luchado con su peso durante años, hasta que finalmente hizo un plan. No, el plan no era Weight Watchers, LA Weight Loss ni Jenny Craig. ¡Era el plan de Dios! Ella cuenta que oró por el problema de su peso, y Dios la convenció de hacer tres cosas: tomar más agua que bebidas gaseosas, no comer nada después de las 6:00 p.m. y caminar dos millas tres veces a la semana. Aquellas instrucciones no parecían muy difíciles, así que comenzó a seguirlas. Ahora, con veinte libras menos, se siente más feliz y más saludable. El plan que Dios le dio a la esposa de mi pastor puede que no sea el plan perfecto para ti, pero puedes estar segura, Dios tiene un plan apropiado para perder peso que tiene escrito tu nombre. Solo pídele sabiduría y no compres esas revistas en el supermercado. De todas maneras, ¿a quién le gusta el tofú? (MMA)

Seguir el llamado de Dios

Gobernaba en aquel tiempo a Israel una mujer,
Débora, profetisa, mujer de Lapidot.

JUECES 4.4 RVR1960

A través de las Escrituras, la fe que las mujeres tienen
en Dios les provee la confianza para mantenerse firmes
en sus creencias, enfrentar ejércitos y lidiar con las
presiones de sus vidas. Una mujer hasta fue llamada para
dirigir a la batalla a un ejército de diez mil hombres.

Las relaciones más importantes en la vida de Débora
—la única mujer que sirvió como juez de Israel— se
presentan la primera vez que se menciona su nombre.
Los profetas en tiempos del Antiguo Testamento eran
hombres y mujeres llamados por Dios para comunicar
Su voluntad al pueblo. Por consiguiente, Débora ya
tenía una sólida relación con el Señor cuando fue
llamada a servir como juez a Israel durante un tiempo

de dura opresión. Ella también era esposa, con un hogar establecido y un lugar en su mundo. Sin embargo, en una sociedad que no siempre valoraba a las mujeres como líderes, ella respondió al llamado de Dios para su vida.

No obstante, usar su sabiduría para resolver las polémicas de su pueblo dista mucho de dirigirlos a la batalla en contra de un ejército compuesto por novecientos carros de hierro, unos vehículos que habían revolucionado el campo de guerra y obligado a los israelitas a refugiarse en las ciudades fortificadas. Jabín, el rey de Canaán, había oprimido severamente a los israelitas por más de veinte años, usando a su ejército para mantenerlos bajo su reinado. Finalmente, ellos le imploraron ayuda a Dios, en lo que parecía ser una situación imposible de superar.

Débora, sin embargo, tenía la destreza de ver más allá de la situación presente. Ella era una mujer con visión y llamó a Barac para hacer lo que el Señor le había ordenado: que tomara a sus soldados y se prepara para enfrentar a Sísara, el capitán del ejército de Jabín, en una batalla para salvar a su pueblo. La respuesta de

Barac —de que iría solo si ella iba con él (ver Jueces 4.8)— subraya la confianza que Israel había colocado en la mujer que Dios había llamado para ellos.

Dios siempre busca mujeres que están listas para acoger Su visión para sus vidas, su familia y hasta su nación. Ese tipo de mujeres de visión tienen el valor que les permite conquistar y vencer sobre situaciones que de otra manera parecerían inconquistables. (RR)

Y el juez entra en escena

Todo lo puedo en Cristo que me fortalece.

FILIPENSES 4.13 NVI

¿Te preocupa lo que otros piensan de ti? He descubierto que la mayoría de las mujeres lucha con este asunto de ser juzgadas —incluyendo a mujeres hermosas y «que tienen todo bajo control». Una de mis amigas más queridas es deslumbrantemente hermosa. ¿Puedes creer que también se preocupa por lo que otros piensan de ella? En una ocasión la escuché decir: «Me gustaría enseñar más clases, pero simplemente no estoy lista».

Comencé a pensar: *Caramba, si ella no está lista, entonces nadie lo está. No he conocido a nadie que estudie la Palabra de Dios como ella la estudia.* Así que respondí: «Estás *súper* lista. Probablemente tienes más Palabra de Dios en tu interior que ninguna otra persona

que conozco». De inmediato, ella bajó su cabeza y suspiró. Había tocado algo que le incomodaba.

«¿Cuál es el problema?», insistí.

«Verás, tengo que perder por lo menos quince libras antes de estar lista. Me preocupa que todo el mundo va a estar mirando mi enorme trasero en lugar de enfocarse en el mensaje que Dios me ha dado para ellos».

No podía creer lo que oía. El enemigo la había engañado seriamente. Mi amiga estaba tan preocupada por lo que los demás podían pensar de ella que no estaba caminando en la plenitud de Dios. No se estaba permitiendo ser usada por Él.

Mientras manejaba de regreso a casa aquel día, comencé a meditar en todas las veces que he permitido que mis preocupaciones eviten que le sirva a Dios. Pensé en ocasiones específicas en las que he sentido tanto miedo de ser juzgada por los demás que he perdido la oportunidad de servir a Dios. Me sentí muy triste —no solo por mí, sino por todas mis hermanas en Cristo que han hecho lo mismo.

¿Eres una de esas hermanas? ¿Has permitido que tus inseguridades y el miedo a ser juzgada eviten que hagas grandes cosas para Dios? Si es así, no te sientas triste. Simplemente entrégale esas preocupaciones a Dios y pídele que te llene con Su amor y confianza. Recuérdate a lo largo de tu día que todo lo puedes en Cristo que te fortalece, y luego sigue adelante y transforma el mundo. ¡Tienes mucho que ofrecer! (MMA)

Recibe una infusión de alegría

¡No se desalienten ni entristezcan, porque
el gozo del Señor es su fuerza!

NEHEMÍAS 8.10 NTV

La Palabra nos dice que el enemigo viene a robar y a
destruir (Juan 10.10), y una de las cosas que le encanta
robarles a las cristianas es la alegría. ¿Sabes por qué?
Porque la alegría del Señor es nuestra fuerza, y el diablo
conoce esa verdad. Y él hará lo que sea necesario para
robarnos esa fuerza.

Por eso tienes que estar al tanto de las astutas
artimañas del enemigo para robarte la alegría. Por
ejemplo, si te roba la alegría ir al supermercado el
sábado cuando está atestado de gente, entonces vete
de compras una noche durante la semana o pídele a tu
esposo que te sustituya el sábado. Si manejar durante
la hora pico te causa mucho estrés y te roba la alegría,

intenta evitarlo yendo al gimnasio cuando sales del trabajo y luego manejar a la casa cuando el tráfico esté menos pesado. O, si tienes que manejar en ese momento de locura, escucha música de adoración y alabanza mientras estás atascada en el tráfico.

También puedes hacer otras cosas que te ayuden a mantener tu gozo en el nivel óptimo. Asegúrate de dormir lo suficiente cada noche. Haz ejercicios regularmente. Ingiere una dieta nutricionalmente balanceada.
Toma agua suficiente. No sobrecargues tu agenda con demasiadas actividades, pues esto puede causarte estrés. Rodéate de gente positiva. Y finalmente, saca tiempo para reírte todos los días.

Pídele a Dios que te dé una infusión diaria de gozo. Mantén tu corazón y tu cabeza llenos con la Palabra de Dios. Medita en pasajes que traten sobre la alegría, como los siguientes:

* Tú has puesto en mi corazón más alegría que en quienes tienen trigo y vino en abundancia. (Salmo 4.7 DHH).

- Me has dado a conocer la senda de la vida; me llenarás de alegría en tu presencia, y de dicha eterna a tu derecha. (Salmo 16.11 NVI).
- Devuélveme la alegría de tu salvación; que un espíritu obediente me sostenga. (Salmo 51.12 NVI).

Dios tiene una fuente eterna de alegría esperando por ti, y el enemigo no puede robártela a menos que se lo permitas. Así que, ¡no dejes escapar tu alegría y rellena tu reserva constantemente! (MMA)

Adopción

Porque tanto amó Dios al mundo, que dio a su
Hijo unigénito, para que todo el que cree en él
no se pierda, sino que tenga vida eterna.

JUAN 3.16 NVI

Un parto no le evoca imágenes de serenidad a nadie.
Especialmente a las que están a punto de convertirse
en madres. A Jennifer le encanta contar la historia del
nacimiento de su hijo. Incapaces de tener hijos, Jennifer
y su esposo optaron por una adopción privada. Durante
el transcurso del embarazo, llegaron a conocer muy
bien a la mamá adolescente del bebé. Sin embargo,
cuando finalmente llegó la fecha del parto, las cosas no
marcharon bien. La mamá tuvo un parto prolongado y el
bebé venía con su carita hacia arriba. Tuvieron que usar
fórceps y el equipo de urgencias de la unidad neonatal
tuvo que acudir para resucitar al bebé en condición

crítica y ya de color azul. El tardío, pero robusto llanto del bebé fue música a los oídos de su madre.

Mientras uno de los miembros del equipo médico traía a la cama el ahora rosado y gritón bebé, el obstetra le hizo una pregunta a la exhausta paciente a la que estaba suturando:

«¿Cómo se va a llamar el enorme bebé de diez libras?».

Con una voz agotada por su esfuerzo, pero igual de firme, la joven miró a Jennifer a los ojos.

«Esa pregunta tiene que hacérsela a su mamá».

En ese momento, mientras sostenía a Joshua en sus brazos por primera vez, Jennifer derramó lágrimas de alivio y alegría. Los años no han reducido el recuerdo del tierno acto de entrega de la madre natural que le dio a Jennifer su único hijo. La paz reemplazó las horas de ansiedad y temor.

Igual que el abnegado amor de Dios por nosotras. Dios nos entregó a Su Hijo, Jesucristo, a nosotras o por nosotras mientras esperábamos ansiosamente. En lugar de esto, Él hizo por nosotras lo que nosotras no podíamos

hacer por nosotras mismas. Igual que la mamá natural de Joshua lo entregó a una mujer incapaz de parir por sí misma, Dios nos dio a Su Hijo, Jesucristo, cuando nosotras éramos incapaces de convertirnos en miembros de Su familia (ver Romanos 5.6; Gálatas 4.4–5). Jennifer tuvo que recibir a Joshua para convertirse en madre. Nosotras tenemos que recibir a Jesucristo para convertirnos en cristianos. La Biblia nos dice: «Por eso, de la manera que recibieron a Cristo Jesús como Señor, vivan ahora en él, arraigados y edificados en él, ... llenos de gratitud» (Colosenses 2.6-7 NVI). Así es como aseguramos nuestra relación con Dios. Y, por extraño que parezca, se llama «adopción» (Efesios 1.5 RVR1960). (KAD)

Palabras de sabiduría de Eleanor Roosevelt

Por lo tanto, como escogidos de Dios, santos y amados, revístanse de afecto entrañable y de bondad, humildad, amabilidad y paciencia.

COLOSENSES 3.12 NVI

A Eleanor Roosevelt se le conoce como a una de las mujeres más reverenciadas de su generación. Ella marcó la diferencia en cada lugar que vivió. No solo dio a luz a seis hijos, sino que también sirvió como la dinámica y excelente ayudante política de su esposo, Franklin Delano Roosevelt.

Eleanor Roosevelt literalmente transformó el rol de la Primera Dama, pautando conferencias de prensa, viajando por todo el país, ofreciendo discursos y programas radiales, y expresando sus opiniones en la columna diaria de un periódico sindicado llamado «My Day» [Mi Día].

Podrías decir que era una mujer con genio vivo, en una misión, una sierva para la humanidad, una esposa y madre amorosa y un ejemplo para todas las mujeres.

Luego de estudiar sus logros, fue muy interesante descubrir que la señora Roosevelt fue una niña muy tímida y hasta un poco torpe. Su mamá murió cuando ella apenas tenía ocho años, y su padre murió solo dos años más tarde. No fue hasta que comenzó a asistir a una reconocida escuela en Inglaterra cuando empezó a desarrollar confianza en sí misma. Durante esa etapa de autodescubrimiento, ella escribió: «No importa lo común y corriente que pueda ser una mujer, si la verdad y la lealtad están estampadas en su rostro, todos se sentirán atraídos hacia ella».

¡Cuánta sabiduría en las palabras de una jovencita! ¿No crees? Si tan solo entendiéramos esa verdad. Por años, la sociedad nos ha dicho que si no somos hermosas —como las fotos en las portadas de revistas— entonces no tenemos un lugar en el mundo. Muchas mujeres sienten que no tienen voz porque no caben en un traje talla 6. Muchas hemos creído esa mentira. ¡Pero ya no más!

Igual que Eleanor Roosevelt, nosotras también podemos superar nuestra timidez y cambiar nuestro mundo. ¿Has conocido alguna vez a alguien que físicamente no es tan atractiva, pero luego de compartir con esa persona por algún tiempo te parece preciosa? Esa es la misma cualidad que entendió Eleanor Roosevelt. ¡La entendió de verdad! No es el exterior lo que nos hace respetables, encantadoras o atractivas. Ese tipo de belleza es pasajera. Es esa lealtad, verdad y amor en nuestro interior, y que alcanza a otros, lo que atrae a la gente hacia nosotros. En otras palabras, es el Jesús en nosotras lo que nos hace irresistibles.

Si te estás sintiendo insignificante, poco atractiva e imperceptible —es hora de un tratamiento de belleza completo de adentro hacia afuera. Pídele a Dios que desarrolle en tu interior los frutos del Espíritu, y permítele al Señor llenarte con Su amor. Muy pronto, serás una mujer segura e irresistible, como Eleanor Roosevelt. ¡Y marcarás la diferencia en cada lugar que vayas! (MMA)

Enfócate en el equipo

De hecho, aunque el cuerpo es uno solo, tiene muchos miembros, y todos los miembros, no obstante ser muchos, forman un solo cuerpo. Así sucede con Cristo.

1 CORINTIOS 12.12 NVI

¿Acaso tu nombre es «Ana A-Cargo-De-Todo»? ¿Intentas hacer todo por ti misma? Si es así, entonces debemos formar un grupo de apoyo, porque yo también lucho con esa actitud de yo-puedo-hacerlo-todo-sola.

Y por supuesto, esa línea de pensamiento no es original. El mundo nos ha dicho por años: «Si quieres algo bien hecho, hazlo tú misma». Así que decidí hacerlo. Intenté hacerlo todo, por mí misma y todo el tiempo. Y terminé estresada, agotada y con los nervios de punta. (Puedes preguntarle a mi esposo. No tenía la alegría del Señor en mi vida.)

Dios nunca tuvo la intención de que hiciéramos todo solas. Y hasta hace referencia a esa errática línea de pensamiento en 1 Corintios 12.12, usando el cuerpo humano como un ejemplo de trabajo en equipo. Somos simplemente una parte del cuadro completo. Todas jugamos un rol importante, pero nunca lograremos lo que Dios tiene para nosotras si intentamos hacerlo todo solas. ¿Por qué? Mira el versículo para la respuesta: según la Palabra de Dios, somos simplemente una parte del cuerpo. No importa lo buena que seas como ojo, nunca serás capaz de oír, ¡porque no eres un oído!

¡Así que deja de tratar de ser oído! Sé el mejor ojo que puedas ser y trabaja con la persona en tu vida que ha sido llamada a ser oído. ¡Juntas harán mucho! Sola, simplemente serás un buen ojo —nada más.

El trabajo en equipo, ya sea que estés en una oficina o ayudando con la Escuela Bíblica de Vacaciones, es vitalmente importante. Olvídate de la mentalidad «Ana A-Cargo-De-Todo» y haz tu parte junto al resto del cuerpo, y alcanzarán grandes logros en poco tiempo. ¡Y lo mejor de todo es que te sentirás mucho más feliz!

Disfrutarás de la experiencia y celebrarás con el resto del equipo cuando juntos alcancen la meta. Es una situación en la que todos ganan.

Así que sal al mundo y haz tu parte, pero no trates de hacer también la parte de otros. Si te sientes que estás actuando en el modo puedo-hacerlo-todo-por-mí-misma, pídele a Dios que te ayude a mantenerte enfocada solo en lo que Él te llamó a hacer y nada más. Recuerda, cuando escoges trabajar en equipo recibes grandes recompensas y te sientes feliz. (MMA)

¡Lo entendiste mal!

Un siervo del Señor no debe andar peleando,
sino que debe ser bondadoso con todos, capaz de
enseñar y paciente con las personas difíciles.

2 TIMOTEO 2.24 NTV

Priscila, del tiempo de la infante iglesia cristiana,
aparece en cuatro libros del Nuevo Testamento. Su
resumé, impresionante aun para los estándares de hoy
día, luce como el de una mujer contemporánea. Ella
y su esposo tenían su propio negocio, se mudaban
frecuentemente y tuvieron que aprender a adaptarse a
una vida en constante movimiento —no siempre por
elección propia (ver Hechos 18.2). Eran maestros,
anfitriones de iglesias caseras y aceptaban retos y
riesgos. Pablo dice que ellos «que expusieron su vida
por mí» (Romanos 16.4 RVR1960). Cada oración sobre
Priscila invita a más especulación sobre esta mujer

fascinante. Se ha sugerido, puesto que su nombre casi siempre precede al de su esposo en la Biblia, que ella era la persona más notable de la pareja.

Cuando un erudito llamado Apolos entró a escena predicando sobre Jesús, Priscila y su esposo estuvieron allí. «Era un hombre ilustrado y convincente en el uso de las Escrituras. ... y con gran fervor hablaba y enseñaba con la mayor exactitud acerca de Jesús, aunque conocía sólo el bautismo de Juan» (Hechos 18.24-25 NVI). Con su característica sencillez, Lucas, el escritor de los Hechos, prepara el terreno para algunos problemas potenciales en este nuevo organismo llamado la iglesia cristiana. Un desconocido había venido a la sinagoga en Éfeso predicando «con gran fervor», pero diciendo solo la mitad de la historia. ¿Se enojan Priscila y su esposo? ¿Le recriminan al novato? ¿Se embriagan y comienzan a abuchear al maestro visitante? Según la Biblia, no lo hicieron.

«Al oírlo Priscila y Aquila, lo tomaron a su cargo y le explicaron con mayor precisión el camino de Dios» (Hechos 18.26).

No tuvieron un intercambio público intimidante o acalorado. Priscila y Aquila escucharon a su compañero creyente, le dieron el beneficio de la duda y luego le instruyeron con gentileza. Ellos reconocieron a un alma gemela en la expansión del Evangelio —para beneficio mutuo de todos. (Te invito a que leas todo Hechos 18.)

¡Qué excelente demostración de corrección a un nuevo cristiano mal informado y demasiado apasionado! La serenidad de Priscila al compartir «el resto de la historia» con Apolos es una lección para todas nosotras. Se puede lograr mucho más con instrucción gentil que acosando o avergonzando a los creyentes menos informados e inmaduros. La corrección gentil y el ánimo genuino no solo funciona en la iglesia, sino también en el trabajo y en el hogar. (KAD)

«¡Te ves fabulosa!»

¡Gracias por hacerme tan maravillosamente complejo!
Tu fino trabajo es maravilloso, lo sé muy bien.

SALMO 139.14 NTV

El dicho favorito de mi amiga María es: «¡Te ves
fabulosa!». Esta chica sabe cómo hacerte un cumplido.
Nadie dice esta frase como María. Tal vez no conoces a
mi amiga, pero estoy segura que recuerdas el personaje
que Billy Crystal hizo famoso en el programa *Saturday
Night Live* diciendo: «¡Te ves fabulosa!». (En la década
de los ochenta hasta tuvo una canción titulada «¡Te ves
fabulosa!» que sonó en la radio de todo Estados Unidos.)

Siempre me ha gustado ese dicho. Es mejor que
decir simplemente: «¡Te ves bien!». Es mucho más
emocionante escuchar: «¡Te ves fabulosa!». Después
de catorce años de matrimonio, mi esposo sabe qué
respuestas lo pueden meter en problema.

Por ejemplo, si le pregunto: «¿Me veo gorda con este vestido?», le conviene que su respuesta sea: «No. ¿Bromeas? ¿Cómo crees que exista una pieza de ropa que te haga lucir gorda?». Y si le pregunto: «¿Qué tal me veo?», es mejor que no diga: «Te ves ok» o «Te ves bien». Porque *okay* y *bien* se traducen como *adecuado* o *más o menos*. Ninguna mujer quiere sentirse simplemente «ok». Nos queremos sentir fabulosas, ¿cierto?

Bueno, en el mundo real, con frecuencia no sentimos que nos vemos fabulosas. De hecho, tal vez pensamos que ni siquiera damos la talla para ok o bien. ¿Me equivoco? Quizás creciste en un hogar donde no se elogiaba con frecuencia, por lo que no estás acostumbrada a escuchar halagos. O tal vez estás casada con una persona que no sabe cómo hacerte sentir especial con sus palabras. O es posible que sientas que nunca te ves fabulosa —sin importar cuantas veces lo escuches.

Tengo buenas noticias para ti. ¡Dios piensa que eres fabulosa! Él te creó tal como eres. Así que si detestas tus pecas o te gustaría ser más alta, Dios piensa que eres perfecta. Él te adora y quiere que descubras cuánto lo hace. Ve a Su Palabra y lee sobre cuánto te ama. Él te lo repite una y otra vez a lo largo de toda la Biblia. Pasa tiempo con Él y descubre cuán fabulosa Dios piensa que eres hoy. (MMA)

Superando el temor con amor

Pues Dios no nos ha dado un espíritu de temor y
timidez sino de poder, amor y autodisciplina.

2 TIMOTEO 1.7 NTV

«Mrs. Eckles», dijo la auxiliar administrativa de la corte,
«estamos listos para usted».

Estas sencillas palabras cambiaron la vida de Jan
Eckles para siempre. Sin embargo, casi había permitido
que el temor impidiera que las oyera. La mayoría de las
personas se sienten un poco nerviosas cuando comienzan
en un empleo, pero Jan Eckles encaraba algunos
obstáculos más que los nuevos empleados promedio.
Ya de adulta, una enfermedad hereditaria en su retina
la había dejado ciega, y apenas recientemente había
aprendido a aventurarse en la ciudad con la ayuda de un
bastón. También estaba comenzando en una nueva rama
profesional como intérprete en la corte.

Aquel primer día, un sentido de aprensión casi abrumador se apoderó de Jan mientras esperaba fuera de la corte. Una repentina y seria realidad la invadió, haciéndola sentir inadecuada tanto por su falta de experiencia como intérprete en español, como por su limitado conocimiento de la terminología legal. Estaba a punto de retirarse, cuando la auxiliar administrativa vino por ella. Jan la siguió, y con manos temblorosas y el estómago hecho retortijones, se preparó para el desconocido aterrador.

Y ahí fue cuando la promesa de Pablo escrita a Timoteo trilló en sus oídos: «Dios no nos ha dado un espíritu de temor ...». La sesión comenzó. Jan se concentró con tanta intensidad en cada declaración, que cada vez que el juez golpeaba su martillo, ella se sobresaltaba. Luego de ordenar un receso, el juez le pidió a Jan que se acercara al estrado.

Dolorosamente consciente de sus deficientes habilidades, Jan respiró profundo en preparación para recibir una bien merecida reprimenda. Lo que escuchó, en lugar de esto, la sobresaltó tanto como los golpes del martillo.

«Mrs. Eckles, yo también soy bilingüe», le dijo el juez con una voz tierna, «y estoy muy impresionado por el grado de exactitud de su interpretación y su profesionalismo».

Con aquellas palabras, alzó vuelo la nueva carrera de Jan, y en ellas escuchó no solo el agrado del juez, sino la certeza de Dios, como si le estuviera recordando: «Si crees en Mí, los resultados exceden todas tus expectativas». (RR)

Bájate del auto

Han llegado ya la salvación y el poder y el reino
de nuestro Dios; ha llegado ya la autoridad de
su Cristo. Porque ha sido expulsado el acusador
de nuestros hermanos, el que los acusaba
día y noche delante de nuestro Dios.

APOCALIPSIS 12.10 NVI

¿Has emprendido recientemente algún viaje de culpa?

Si tu respuesta es sí, entonces es tiempo de bajarte del auto. La culpa no proviene de Dios. La Biblia nos dice que el diablo —no el Señor— es el acusador de los hijos de Dios. Él envió a Jesús a morir en la cruz para que pudiéramos ser libres.

Libres es libres.

La libertad que Jesús compró incluye la liberación de la condenación eterna; libertad del temor; libertad de la escasez, y libertad de la condenación y la culpa. No

tienes que emprender viajes de culpa si le has pedido a Jesús que sea el Señor de tu vida.

Pero el diablo seguirá intentando que subas en su auto y llevarte en un largo y deprimente viaje. A él le encanta recordarte todos los errores que has cometido. Le fascina decirte que Dios no puede amarte porque no has sido una buena persona. Él es el chofer de todos los viajes de culpa, y está listo para llevarte en un largo paseo siempre que se lo permitas.

¡No lo dejes! ¡Simplemente bájate del auto!

Tal vez estás diciendo: «Pero es que no sabes cuánto he echado a perder mi vida. Merezco la culpa. Merezco ser infeliz».

Si realmente te sientes así, entonces has creído las mentiras del diablo. Quiero recordarte la verdad: si le has pedido a Jesús que perdone tus pecados y que sea el Señor de tu vida, tienes garantía de vida eterna y de Su alegría.

La próxima vez que el diablo susurre en tu oído: «No mereces ser feliz porque has cometido demasiados errores en tu vida», responde con denuedo: «Soy salva.

Jesús borró todos mis pecados y están tan lejos de mi vida como el este está del oeste. Él ya no se acuerda de mis pecados, ¿por qué tengo que acordarme yo?».

Eso es lo que la Biblia dice —y usar la Palabra de Dios contra el enemigo es tu mejor defensa. Simplemente dile que no a los viajes de culpa. Recuérdale al diablo que vas en camino al cielo —y que él no puede dar ese viaje contigo. (MMA)

Y también cocina delicioso

El Señor le dijo:
—Mi apreciada Marta, ¡estás preocupada y tan
inquieta con todos los detalles! Hay una sola
cosa por la que vale la pena preocuparse.

LUCAS 10.41–42 NTV

Puedes decir que Sara es una «súpermujer». Ella
puede hacerlo todo. Ha recorrido todas las ramas de la
enfermería que existen: en oficina, hospital, siquiatría,
cuidados terminales, administración. Es madre, líder
de estudio bíblico y una excelente anfitriona. Ha sido
diaconisa, y consejera y enfermera en el campamento de
la iglesia. Y si todo esto no es suficiente, Sara también
cocina delicioso.

Sara prepara comidas deliciosas para grupos
pequeños —o reuniones de cien personas. En la cocina,

ella mezcla, bate, hornea y da órdenes con la ternura de una madre amorosa y la precisión de un sargento militar.

Cuando la iglesia quiere auspiciar un evento de obra social y alimentar a un grupo de desamparados, Sara recibe la llamada porque Sara siempre responde.

Lo más asombroso de todo, es que a Sara le encanta hacer todo esto. Disfruta el papel de anfitriona y cocinera. Mezclar harina para hornear un postre o adaptar una receta para seis personas para alimentar a sesenta, provoca en Sara un incremento en su adrenalina. Se siente serenamente contenta haciendo lo que mejor hace en la cocina: cocinar y servir a otros.

Pero Sara no es Marta, la distraída hermana de María. Sara sabe cómo alejarse de los preparativos y la comida cuando hay un trabajo serio que hacer. La tarea de orar y de pasar tiempo con Dios nunca pasa a segundo plano debido a sus talentos culinarios. Sara es tan dispuesta a «buscar refugio» y orar como lo está a tomar la espátula —y más aún. Como la hermana de Marta, Sara sabe que: «Hay una sola cosa por la que vale la pena preocuparse» (Lucas 10.42 NTV). Sara sabe cómo

sentarse a los pies de su Salvador, y escuchar y aprender. El mantenerse quieta a Sus pies le da la paz para llevar a cabo las tareas que tanto ama sobre sus propios pies.

El Señor Jesús no es insensible a aquellas que encuentran solaz siendo anfitrionas. Él sanó a la suegra de Pedro, quien inmediatamente saltó de su lecho de enferma para servir a los que estaban en su casa (Marcos 1.30-31). El secreto de la serenidad en el hacer viene con el secreto de *ser*.

«Una sola cosa le pido al Señor, y es lo único que persigo: ... contemplar la hermosura del Señor y recrearme en su templo. Porque en el día de la aflicción él me resguardará en su morada» (Salmo 27.4-5 NVI). No importa si hay decenas de personas a la mesa en lugar de seis, nuestro tiempo a los pies del Salvador es donde comienza la tranquilidad. (KAD)

Maquillaje: ¡No salgas de la casa sin él!

No te dejes impresionar por su apariencia ni por su estatura, pues yo lo he rechazado. La gente se fija en las apariencias, pero yo me fijo en el corazón.

1 Samuel 16.7 NVI

Mi pastor se recostó del púlpito, se sonrió y dijo: «Siempre le digo a mi esposa que trate su maquillaje como dice el anuncio de la tarjeta American Express: "No salgas de la casa sin él"».

Miré a la esposa y pensé: *Sin duda alguna hoy duerme con el perro.*

Dejando a un lado la broma, el perro puede ser el mejor amigo del hombre, pero el rímel es el de las chicas. Mi mamá siempre me dijo que por lo menos me aplicara un poco de pintalabios y rímel porque nunca sabes a quién te puedes encontrar en el supermercado.

Y claro, que tiene razón. La única vez que fui a Walmart sin una gota de maquillaje fue el día en que me encontré allí a prácticamente toda mi clase graduanda. Quise esconderme detrás de los anaqueles de papel higiénico hasta que apagaran todas las luces y pudiera correr a mi auto. ¿Te ha pasado alguna vez?

El maquillaje es algo maravilloso. Puede ocultar las manchas. Puede acentuar mis ojos. Puede hacer que unos labios finos se vean carnosos y humectados. Puede transformar unas pestañas cortas y escasas en unas largas y abundantes. Puede darle color a tus pómulos para que parezca que has descansado aunque hayas estado desvelada toda la noche.

El maquillaje es un regalo de Dios —¡no tengo la menor duda!

Pero, ¿no crees que sería todavía mejor que nuestro cutis no tuviera defectos que cubrir? ¿No sería mejor que nuestros labios tuvieran el tono rosado perfecto? ¿Qué tal si nuestros pómulos tuvieran el color perfecto y nuestras pestañas fueran naturalmente espesas? Si ya

fuéramos perfectas, no necesitaríamos cubrir nuestras imperfecciones.

Bueno, tal vez nuestro exterior no es perfecto, pero si le has pedido a Jesús que sea tu Señor y Salvador, tu corazón no tiene ninguna mancha. Así es como Dios nos ve: perfectas y sin imperfecciones.

La Palabra dice que Dios mira el corazón, mientras que el hombre mira la apariencia externa. Así que aunque quieres poner un poco de pintura al granero antes de salir, tu corazón ya es hermoso. (MMA)

No puedes comprar felicidad

*En esto conocemos lo que es el amor: en que Jesucristo
entregó su vida por nosotros. Así también nosotros
debemos entregar la vida por nuestros hermanos. Si
alguien que posee bienes materiales ve que su hermano
está pasando necesidad, y no tiene compasión de él,
¿cómo se puede decir que el amor de Dios habita
en él? Queridos hijos, no amemos de palabra ni de
labios para afuera, sino con hechos y de verdad.*

1 Juan 3.16–18 nvi

Según un artículo publicado en *USA Today*, no puedes
comprar la felicidad, sin importar lo rico que seas. De
hecho, Ed Diener, sicólogo en la Universidad de Illinois,
fue citado en la historia diciendo: «El materialismo es
tóxico para la felicidad».

Por lo tanto, contrario a la creencia popular,
comprar toda una colección de zapatos Jimmy Choo no

hará feliz a nadie. Ahora bien, tengo que ser sincera contigo: me encanta comprar. Cuando entro a una tienda por departamentos, mi corazón brinca de alegría. Un estante con ropa de diseñador en venta especial capta de inmediato mi atención. Los bolsos llamativos y la joyería de plata parecen danzar bajo la luz fluorescente de la tienda, y provocan que me sonría de oreja a oreja. A la verdad que disfruto ir de compras, así que cuando leí este artículo, una parte de mí dijo: *Bueno, es que esta gente no sabe dónde comprar. Puedo mostrarles la felicidad si vinieran a Dallas.*

Pero la realidad es que ese tipo de felicidad es efímera.

¿Sabes por qué? Porque la verdadera felicidad no viene cuando adquirimos cosas para nosotras; la verdadera felicidad viene cuando damos a los demás.

No estoy diciendo que comprar sea malo. Sin embargo, lo que sí estoy diciendo es que las palabras de Jesús «hay más dicha en dar que en recibir» (Hechos 20.35 NVI) son ciertas. Dios nos creó para ser dadores, porque somos hechos a Su imagen, y Él es el mayor dador de todos. Él entregó a Su único Hijo para morir en una cruz para que nosotras tuviéramos vida eterna con Él. Como cristianas, el deseo de dar debe ser también intenso.

Si en tiempos recientes te has sentido insatisfecha o menos que feliz, examina tu generosidad. ¿Te has convertido en alguien que toma más de lo que da? ¿Cuándo fue la última vez que esperaste con ansias por tu oportunidad de colocar tu diezmo en el plato de la ofrenda? ¿Has hecho recientemente algo por otra persona sin ningún tipo de interés personal? Si ha pasado demasiado tiempo, entonces regresa a la modalidad de dar.

Llama a esa agotada mamá soltera en tu vecindario y ofrécele cuidar a sus hijos por un rato. Invita a esa viuda en tu iglesia a que venga a cenar y a conversar en tu casa. Cómprale los efectos escolares a un niño menos privilegiado. Y hazlo todo para el Señor. Descubrirás que dar es lo más emocionante que existe —¡mucho mejor que encontrar un par de zapatos finos en venta especial! (MMA)

Pavos de alegría

*Mi Señor y Dios, me faltan palabras para
contar los muchos planes y maravillas que has
hecho en nuestro favor. Quisiera mencionarlos
todos, pero me resulta imposible.*

Salmo 40.5 tla

Una tarde, me dirigía apresurada a la oficina,
completamente enfocada en una reunión que se
avecinaba. Estaba repasando algunas notas mentales,
cuando de repente, alcé mis ojos y me topé con una
hermosa visión. Justo al lado de la puerta de entrada a
nuestra oficina había un pavo real, color azul brillante,
acicalándose al sol. Los rayos del sol rebotaban de sus
fabulosas plumas, provocando que el espectáculo fuera
más sobrecogedor. Me paré literalmente adonde estaba
y por un momento experimenté alegría absoluta. Quería

chillar como una niñita en la mañana de Navidad. ¡No podía creer lo que estaba viendo!

No, no había estado oliendo mi marcador rosado. Realmente había un pavo real afuera, y más tarde descubrí que pertenecía a un ranchero del área. A esta hermosa ave le encantaba deambular, y en este día en particular, había deambulado justo en mi vida.

Mientras estaba allí parada, admirando la belleza del pavo real, agradecí a Dios por recordarme Su presencia en medio de mi día; por mostrarme Su amor y favor aun cuando estaba ensimismada en el ajetreo de la vida.

El día había comenzado como cualquier otro, pero justo en medio de lo cotidiano, Dios había dejado caer un pavo real de alegría justo en medio de mi mañana. Mientras más tarde meditaba en mi visita sorpresa, me percaté de que Dios deja caer «pavos de alegría» todo el tiempo en nuestras vidas. Lamentablemente, a veces estamos tan ocupadas o nuestros corazones están tan endurecidos que no nos damos cuenta.

Tal vez nunca encuentres a un fantástico amigo alado frente a tu casa u oficina, pero puedes estar a la expectativa de las buenas obras de Dios y su ternura hacia ti todos los días. Ten presente a Dios todo el día y bebe de esos momentos de pura alegría. Quizás tu pavo de alegría llegue en la forma de la risa de tu hijo. O tal vez tu pavo será el dulce aroma de una madreselva. No importa la forma de tus pavos, tómate el tiempo para disfrutarlos y adora al Señor por Su bendición. A Dios le encanta sorprendernos con cosas buenas —especialmente cuando apreciamos los «pavos reales» que Él envía a nuestras vidas. (MMA)

¡Tremenda oferta!

Porque tanto amó Dios al mundo, que dio a su
Hijo unigénito, para que todo el que cree en él
no se pierda, sino que tenga vida eterna.

JUAN 3.16 NVI

Encontrar una buena oferta puede tener un efecto
embriagador. Algunas dicen que es emocionante. Otras
lo comparan con un «éxtasis». Yo lo llamo pura felicidad.

Si nunca has estado en una venta de garaje, una
tienda por consignación o la tienda del *Goodwill* en
tu ciudad, no sabes lo que te estás perdiendo. Desde
pañuelos de diseñadores hasta muebles eclécticos,
puedes encontrar de todo en estas Mecas de gangas. Lo
que se dice de las compras en oferta es muy cierto: «La
basura de una persona es el tesoro de otra».

Yo he encontrado muchos tesoros en estas
excursiones en busca de ofertas. Una vez, encontré un

pañuelo Louis Vuitton por noventa y nueve centavos. En otra ocasión, compré un conjunto Carole Little por tres dólares. Y en otra, regresé a casa con una chaqueta de cuero Banana Republic por solo seis dólares.

Este tipo de compras te dan deseos de subirte al techo y gritar de alegría. Pero esas gangas palidecen en comparación a la mayor oferta de todos los tiempos: la salvación.

Dios entregó a Su único Hijo para morir en una cruz para que nosotras pudiéramos tener vida eterna. Todo lo que tenemos que hacer es pedirle a Él que nos perdone y aceptarlo como nuestro Señor y Salvador. Y recibimos vida eterna, sanidad, paz, amor, sabiduría, prosperidad, alegría y mucho más —y todo sin costo para nosotras, porque Jesús ¡ya pagó el precio por nuestros pecados! Ahora, ¡esa sí es una oferta especial que merece que gritemos desde el techo!

Asegúrate de compartir el amor de Jesús con todas las personas que encuentres. Cuéntales sobre el tesoro que has encontrado en Jesús y anímales a elevar esta oración contigo:

Querido Padre, te damos gracias por enviar a Jesús a morir en la cruz por nosotros. Gracias por amarnos tanto. Hoy te pedimos que perdones todos nuestros pecados y aceptamos a Jesús como nuestro Señor y Salvador. Te amamos. Amén.

Compartir a Jesús con el mundo que te rodea traerá tanta alegría a tu vida como a aquellos que le acepten como su Señor y Salvador. No temas ser testigo del Señor. Él te abrirá puertas para compartir tu fe. Simplemente sé obediente y crúzalas. (MMA)

La confianza de arriesgarlo todo

*Y llegaron a la casa de una prostituta llamada
Rahab y pasaron allí la noche. ... [Y Rahab]
había escondido a los dos hombres.*

JOSUÉ 2.1, 4 NTV

Cualquier mujer que piensa que necesita perfeccionar
su vida o su fe antes de servir al Señor debe echarle otro
vistazo a Rahab. Ella es una de las mujeres mencionadas
en la lista de héroes de la fe (ver Hebreos 11.31), pero la
juventud de Rahab dista mucho de ser el cuadro perfecto
de moralidad y confianza.

No obstante, su fe creciente en las obras del Señor le
dio la confianza para arriesgar todo lo que conocía.

La vida de Rahab no debe haber sido fácil. El texto
se refiere a ella como una prostituta, aunque algunas
evidencias arqueológicas indican que es posible que
Rahab haya operado una posada, puesto que las dos

profesiones con frecuencia estaban estrechamente relacionadas, y el texto bíblico indica que los espías se alojaron con ella. De cualquier manera, su profesión era difícil y peligrosa. Rahab se topaba con muchos viajeros y conocía en detalle lo que ocurría en su ciudad, así como en su país. Por lo tanto, aunque la decisión de Rahab de esconder en la azotea de su casa a los espías hebreos pudiera parecer un poco impulsiva, como se cuenta en Josué 2, ella luego deja ver claramente que esto es algo en lo que había estado pensando por algún tiempo.

Cuando el rey le ordenó que entregara a los espías, ella rápidamente los escondió en la azotea y los cubrió con manojos de lino. Entonces prosiguió a explicarle al mensajero del rey que los espías ya se habían ido, arriesgándose a que la acusaran de traición. Sin embargo, cuando los hombres del rey se fueron, Rahab confrontó a los dos israelitas con respecto a lo que el Señor había estado haciendo y les pidió ayuda (ver Josué 2.8-13).

Ella había estado escuchando a sus clientes y estaba maravillada por todo lo que el Señor había

hecho en Canaán. Aunque otros ciudadanos de Jericó probablemente sabían tanto como ella sobre las conquistas de Israel, esa mujer inteligente y de rápida reacción fue la única que puso más fe en Dios que en las fortificaciones de su ciudad. Al creer que Jericó nunca podría mantenerse en pie ante el poder de Dios, Rahab escogió seguir al Señor, sin importar el precio.

Su fe salvó a su familia y esta fuerte mujer llegó a ser uno de los antepasados de Jesucristo. Su ejemplo nos recuerda que no importa cuál sea nuestro pasado o circunstancias, lo que Dios quiere de nosotros es simplemente nuestra confianza y amor. (RR)

Refugio

¡Que el Señor te recompense por lo que has hecho!
Que el Señor, Dios de Israel, bajo cuyas alas has
venido a refugiarte, te lo pague con creces.

RUT 2.12 NVI

«Aconteció en los días que gobernaban los jueces,
que hubo hambre en la tierra» (Rut 1.1 RVR1960). Así
comienza el libro que lleva el nombre de Rut. Esto viene
justo después de un libro que termina con palabras
similarmente desoladoras. «En aquella época no había
rey en Israel; cada uno hacía lo que le parecía mejor»
(Jueces 21.25 NVI). Como resultado de esto, un hombre
judío y su esposa, Noemí, se mudan a Moab. Al final,
sus dos hijos se casaron con mujeres de este país. Y
así comienza la historia de Rut, la bisabuela del más
importante rey de Israel, David.

Cuando Rut enviuda, igual que su suegra y su cuñada, ella decide mudarse a Israel con Noemí, su suegra hebrea. No hay nada que sugiera que Rut haya visitado o vivido en Israel, pero ella decide permanecer con Noemí y regresar allí con ella. Hay algo justo en el primer capítulo del libro que deja entrever cuál es la fuente de serenidad de Rut en una época con frecuencia desconsiderada hacia la mujer —y en una cultura poco amistosa hacia las moabitas, que era la nacionalidad de Rut.

Ella le dice a su suegra: «Porque iré adonde tú vayas, y viviré donde tú vivas. Tu pueblo será mi pueblo, y tu Dios será mi Dios. Moriré donde tú mueras, y allí seré sepultada. ¡Que me castigue el Señor con toda severidad si me separa de ti algo que no sea la muerte!» (Rut 1.16-17 NVI). La certeza de Rut sobre esta mudanza a un país desconocido no estaba anclada en Noemí, sino en el Dios al que ella ahora llamaba por Su sagrado nombre: el Señor. Ella decide dejar atrás los dioses familiares pero paganos de su tierra natal para vivir con aquellos que, como ella, adoraban al único y verdadero Dios, el Señor Dios de Israel.

La historia de amor entre Rut y un hombre mayor llamado Booz domina el resto de la historia de Rut. Aunque Noemí alienta a Rut a trabajar en los campos de Booz por su propia seguridad, Booz mismo le dice a Rut que el Dios de Israel es aquel bajo cuyas alas ella ha venido a refugiarse (Rut 2.12). El futuro esposo de Rut reconoció que la seguridad de esta joven no estaba ligada a la protección de él. Estaba vinculada al Señor, el Dios de ambos.

Si enfrentamos una mudanza a otra ciudad o a otro país, nuestra fuente de seguridad puede ser la misma de Rut. El no dejar que la familiaridad del pasado o la incertidumbre del futuro dicte nuestra condición interna, le permite a Dios que obre Su paz en nosotros. «¡Tú guardarás en perfecta paz a todos los que confían en ti» (Isaías 26.3 NTV). (KAD)

Dios está obrando

Pero yo confío en ti, oh Señor, digo: «¡Tú eres
mi Dios!». Mi futuro está en tus manos.

SALMO 31.14–15 NTV

¿Sabías que con frecuencia cuando Dios está obrando
más es cuando menos lo sentimos?

Al reflexionar en mi vida, puedo ver cómo, a
menudo, este ha sido el caso. Aquellos momentos cuando
peor se veían las cosas, cuando parecía que Dios se
había ido de vacaciones, fueron los momentos cuando
Dios estaba obrando tras bastidores en mi favor.

Descubrimos que nuestro tiempo no siempre es el
tiempo de Dios. A decir verdad, nuestro tiempo casi
nunca es el tiempo de Dios. Queremos gratificación
inmediata en nuestra sociedad dame-todo-ahora.
Queremos orar y que Dios nos conteste antes del
mediodía. Pero, usualmente, Dios no obra así.

Permite que Noé te lo explique.

Él siguió la dirección de Dios y construyó un arca —aunque no había llovido nunca antes. Noé obedeció las instrucciones de Dios perfectamente. Pares de animales comenzaron a llenar el gran barco, y finalmente, Noé y su familia abordaron el arca y esperaron por la lluvia.

Ya conoces la historia. Llovió cuarenta días y cuarenta noches, y Noé y su familia fueron los únicos que se salvaron. Sin embargo, la travesía del barco fue mucho más larga que los cuarenta días. ¡Duró meses y meses! Piensa en esto por un momento: Noé y su familia están en un arca acompañados de muchos animales apestosos durante meses y sin tierra a la vista. ¿Puedes imaginar a su esposa diciéndole: «Te la comiste, Noé. Tremendo plan. ¿Dónde está la tierra? ¿Acaso Dios te dijo por cuánto tiempo vamos a estar flotando con este montón de criaturas apestosas?».

Puedo imaginar a Noé mirando todos los días por las ventanas del arca, solo para encontrar agua por todos lados. Al final, Noé envía un ave, con la esperanza de recibir evidencia de que hay tierra por alguna parte

—pero el ave regresa con el pico vacío. Debió haberle parecido como si Dios se hubiera olvidado de ellos y los hubiera dejado a la deriva en el arca para siempre.

Pero Dios estaba obrando, bajando poco a poco el nivel del agua, aun en aquellos días en los que Noé solo veía agua a su alrededor. En su momento, el arca llegó a tierra firme y Noé y su familia salieron del arca para disfrutar de la promesa de Dios.

¿Te encuentras ahora mismo en una larga travesía en el arca? Si es así, ¡alégrate! Siéntete feliz, aun si no puedes ver que algo está cambiando. La tierra está cerca. Dios no se ha olvidado de ti. Él está obrando tras bastidores. (MMA)

¿Adónde estás mirando?

Porque mis pensamientos no son los de ustedes, ni sus caminos son los míos —afirma el Señor—. Mis caminos y mis pensamientos son más altos que los de ustedes; ¡más altos que los cielos sobre la tierra!

Isaías 55.8–9 nvi

Helen Keller solía decir: «Cuando una puerta de felicidad se cierra, otra se abre; pero con frecuencia miramos por tanto tiempo a la puerta cerrada que no vemos la que se ha abierto para nosotros».

Casi todo el mundo ha leído la historia de Helen Keller. Cuando nació el 27 de junio de 1880, en Tuscumbia, Alabama, era una bebé saludable y feliz. Pero a los diecinueve meses, de repente perdió la audición y la vista a causa de una enfermedad, posiblemente fiebre escarlatina. Su vida cambió para siempre. Se vio obligada a crecer en un mundo de imágenes y sonidos que ella no entendía, uno que no siempre le daba la bienvenida.

Su historia es una de gran persistencia y triunfo sobre la adversidad. Contra todo pronóstico, esta mujer inteligente y sensible, se dedicó a mejorar la vida de todos los que la rodeaban.

Puedes decir que ella escogió buscar las puertas abiertas.

Permíteme preguntarte: ¿Estás buscando las puertas abiertas en tu vida? Cuando una puerta se cierra, ¿te quedas ahí parada, con deseos de echarla al suelo? O, ¿confías en que Dios abrirá otra puerta de felicidad?

La Biblia nos dice que los caminos de Dios son más altos que nuestros caminos y Sus pensamientos son más altos de nuestros pensamientos (Isaías 55.9). En otras palabras, tal vez Él cierre la puerta que tú estás segura es la única que te conducirá a la felicidad. Quizás hasta le ruegues: «¡Por favor, Dios! ¡Abre la puerta!». Y mientras tanto, Él está tratando de que tornes tu vista a Él para que así pueda mostrarte

una puerta de felicidad mucho mejor que Él tiene esperando por ti.

No pierdas más tiempo mirando las puertas cerradas en tu vida. Regresa tu mirada a Dios y permite que Él te muestre esa próxima puerta de felicidad. Es posible que esté justo delante de ti. (MMA)

Gratos aromas

Cuando el Señor percibió el grato aroma, se dijo a
sí mismo: «Aunque las intenciones del ser humano
son perversas desde su juventud, nunca más
volveré a maldecir la tierra por culpa suya».

GÉNESIS 8.21 NVI

Los aromas son algo poderoso. Los perfumes, las velas, las flores y los ambientadores para el hogar confirman la popularidad de los aromas dulces. Si quieres vender tu casa, los agentes de bienes raíces te piden que hornees pan o hiervas agua con cáscara de naranja y canela antes de mostrarla a un comprador potencial.

Algunas mujeres (y hombres, me sospecho) buscan un perfume que se convierte en su aroma distintivo. Un potpurrí hirviendo a fuego lento te invita a respirar profundamente. Un aroma que sea significativo para ti puede transportarte a un lugar y tiempo diferentes.

Un ramo de rosas frescas puede provocar que un «Mmmm» aflore en tus labios —o que te pique la nariz y estornudes. ¡No cabe la menor duda! Los aromas venden.

En la Biblia, una de las primeras menciones de un aroma sigue al desastre natural más devastador que jamás haya ocurrido en el mundo: el diluvio en tiempos de Noé. El pecado del hombre se había convertido en mal olor en las fosas nasales del Dios todopoderoso. Él decidió terminar con el pecado rampante. Solo Noé y su familia escaparon de la furia de Dios. Cuando la lluvia finalmente cesó, y Noé y su familia se pararon sobre terreno firme por primera vez en meses, el primer acto de Noé fue uno de adoración.

«Salieron, pues, del arca Noé y sus hijos, su esposa y sus nueras. ... Luego Noé construyó un altar al *Señor*, y sobre ese altar ofreció como holocausto animales puros y aves puras» (Génesis 8.18, 20 NVI). Del grato aroma que llegó hasta los cielos, vino la promesa de Dios de mantener los ciclos de estaciones mientras la tierra exista. (v. 22).

Y como fuimos creadas a imagen de Dios, el aroma puede tener un impacto poderoso en nosotras también. Encender una vela con olor puede calmarnos luego de un día ajetreado. Sumergirnos en una bañera con sales aromáticas de baño puede relajar nuestros músculos tensos. Inhalar el delicioso aroma de un café recién colado antes de tomarlo puede suavizar nuestro ceño fruncido.

Una dulce satisfacción gracias a nuestro sentido del olfato... ¡es un simple deleite!

Es posible que hoy estés viviendo el mejor tiempo de tu vida. Tu mejor amiga quizás esté viviendo el peor. Pero como Dios nos llama a ser «el aroma de Cristo» y la «fragancia de la vida» (2 Corintios 2.15-16), tal vez quieras llevar tu aromático yo al lado de tu desconsolada amiga. Tal vez puedes llevar una hora de alegría solo estando allí con ella. Y mientras estás en esto, quizás sea bueno llevarle algo que huela bien. Sentirse feliz puede estar tan cerca como un oloroso ramo de flores o una aromática taza de té hirviendo. (KAD)

¡Tráeme los calentapiernas!

Jesucristo es el mismo ayer y hoy y por los siglos.

HEBREOS 13.8 NVI

Ahhh ... ¡los ochenta! ¡Qué muchos recuerdos! Me gradué
en 1987 de la Escuela Secundaria North Lawrence, en
Bedford, Indiana, así que pertenezco a la década de los
ochenta. ¡Y con mucho orgullo! Mis peinados eran tan
elaborados que apenas podía meterme en mi Fiero rojo.
Prácticamente tenía que usar un pote de aerosol diario
para mantener mi pelo lo suficientemente alto. Usaba
los brazaletes color neón en mis brazos —tal como lo
hacía Madonna. Y hasta tuve un par de calentapiernas.
¿Asusta, no?

Mis hijas piensan que mi anuario de secundaria es
bastante cómico.

Aun si no eres una dama de los ochenta, apuesto que
en tu tiempo también hubo algunos fiascos en la moda.

Por ejemplo, ¿qué era eso de ponerse una pasta azul por sombra de ojos en los setenta? Las modas vienen y van. Una semana, las revistas de moda dicen: «Las chaquetas largas están en onda. Mientras más largas, mejor...». La semana siguiente, la tendencia en la moda dice: «Las chaquetas cortas, estilo militar, son el último grito de la temporada. Llevar chaquetas largas se queda corto para los conocedores de la moda». ¡Uf! Aceptémoslo. Es casi imposible mantenerse al corriente de los tiempos.

La «última moda» viene y va. Los estilos cambian. Y la manera en que nos entalla la ropa en el cuerpo cambia también con el tiempo. (¿Puedo escuchar un «amén»?) El cambio es inevitable. Desde modas cambiantes hasta cambiar de residencia y cambiar pañales —como mujeres, pasamos la mayor parte de nuestras vidas en modo de cambio. Así que en medio de todo este cambio, ¿acaso no es bueno saber que Dios nunca cambia? Malaquías 3.6 dice: «Yo, el Señor, no cambio».

Siempre puedes contar con el Señor. Él está ahí en las verdes y en las maduras, calientapiernas, pantalones acampanados y todo lo que haya en medio. Permítele ser la estabilidad en tu vida. Corre a Dios cuando te sientas abrumada por todos los cambios a tu alrededor. Si te mantienes firme en Él, siempre van a estar «de moda en el cielo» y estarás lista para enfrentar lo que sea —¡aun si regresan los pantalones con banda elástica alrededor del tobillo! (MMA)

Favorecida

Pero su madre conservaba todas estas cosas en el corazón.

LUCAS 2.51 NVI

«El nacimiento de Jesús, el Cristo, fue así: Su madre, María, estaba comprometida para casarse con José, pero antes de unirse a él, resultó que estaba encinta por obra del Espíritu Santo» (Mateo 1.18 NVI). Así comienza la presentación de María, la madre de Dios encarnado, el Señor Jesucristo.

Luego de la pregunta obvia al ángel que le trajo la noticia de que traería al mundo al Mesías, leemos las declaraciones inalterables de María: «Soy la sierva del Señor. Que se cumpla todo lo que has dicho acerca de mí» (Lucas 1.38 NTV). *¡Eso,* mi querida mujer de Dios, es serenidad!

A lo largo del Nuevo Testamento solo encontramos unas breves instantáneas de María. Pero siempre que

encontramos a esta mujer extraordinaria, un aire de paz
cubre la escena. Cuando comparte las noticias de su
embarazo milagroso y del producto de ese embarazo (el
Salvador del mundo), ella canta. En su cántico, María
cita pasajes del Antiguo Testamento, de los libros de
Habacuc, Salmos, Éxodo y Génesis (Lucas 1.46-55).
Cuando los pastores escucharon sobre el nacimiento
del Mesías y vieron por ellos mismos al bebé Jesús,
causaron algo de revuelo. María, sin embargo, «guardaba
todas estas cosas en el corazón y pensaba en ellas con
frecuencia» (Lucas 2.16-20 NTV).

Décadas más tarde, María le evita una vergüenza
a un novio refiriendo a los sirvientes a su hijo para que
hiciera provisión de más vino en la recepción de un boda
(Juan 2.1-10). Al momento de la muerte de Jesús y otra
vez, luego de Su resurrección, María es un aliento de
misteriosa calma ante el horror de la crucifixión de Cristo
y el nacimiento de la iglesia cristiana (Juan 19.25-26;
Hechos 1.14).

¿Cuál era el secreto de María? Igual que la mujer
misma, la respuesta se esconde en algunos sencillos

pasajes. Ella era «muy favorecida» por el Señor, quien estaba con ella (Lucas 1.28). Cuando más adelante en el capítulo leemos su glorioso cántico de adoración a Dios, todo su enfoque se centra en Aquel que está con ella: «Mi alma glorifica al Señor, y mi espíritu se regocija en Dios mi Salvador, ... porque el Poderoso ha hecho grandes cosas por mí. ... se extiende su misericordia a los que le temen. Hizo proezas con su brazo» (Lucas 1.46-47, 49-51 NVI). Como una jovencita que fue visitada por un ángel o una mujer adulta que vio morir a su hijo y luego resucitar, María nunca se apartó de la maravillosa verdad que siempre le trajo bienestar: Dios tiene Su mente llena de todos aquellos a los que Él ama (Lucas 1.48; Salmo 8.4). (KAD)

Encuentra tu precedente

Elcana se acostó con Ana, el Señor se acordó
de la súplica de ella, y a su debido tiempo
dio a luz un hijo a quien le puso por nombre
Samuel, porque dijo: «Se lo pedí al Señor».

1 SAMUEL 1.19–20 NTV

La Biblia es más que solo un buen libro lleno de grandes historias. Está viva. Es pertinente. Está llena de promesas. ¡Es nuestro salvavidas! Entonces, ¿por qué tantas de nosotras la dejamos en la mesa de noche en lugar de descubrir su poder y relevancia para el día de hoy?

Mi sobrina mayor, Mandy, descubrió cuán poderosa y viva puede ser la Palabra de Dios cuando comenzó a creer por un bebé. Ella y su esposo, Chris, trataron de concebir por varios años, pero cada mes la prueba de embarazo resultaba negativa. Ella estaba desalentada. Mucha gente le ofreció consejos: «Tómate esta vitamina y te ayudará

a salir embarazada», «Intenten concebir cuando haya luna llena», «No ingieras alimentos ácidos y tendrás una mayor probabilidad de éxito». Mandy siguió todos los consejos, tratando desesperadamente de salir embarazada —pero lo que salió de este proceso fue deprimida.

Entonces su mamá le sugirió: «Mandy, cariño, ¿por qué no encuentras algunos versículos en los que puedas apoyarte? Descubre tus promesas en la Palabra de Dios y ora pidiendo que se cumplan en ti. ¡La Palabra funciona!».

Mandy había sido cristiana desde muy pequeña, así que ciertamente estuvo abierta a la sugerencia. Y como era lo único que no había intentado, sin duda estaba dispuesta a darle a la Palabra una oportunidad. Rebuscó en la Biblia y encontró la historia de cómo Sara había dado a luz a Isaac. Luego encontró la historia de cómo Ana le había creído a Dios por un hijo y finalmente había tenido a Samuel y otros hijos también.

Mandy encontró un precedente en la Palabra de Dios y le pidió al Señor que hiciera por ella lo que Él había hecho por Sara y por Ana. ¡Y Él lo hizo! Ella se

apoyó en esos versículos por tres meses y entonces su prueba de embarazo resultó positiva. Mandy dio a luz a un saludable bebé el 15 de febrero de 2006.

En una ocasión, Jesús contó la historia de una viuda oprimida que molestó a un juez hasta que recibió la justicia que necesitaba desesperadamente. ¿La moraleja de la historia? Según Jesús, la gente debe «orar siempre, sin desanimarse» (Lucas 18.1 NVI).

No todas las oraciones recibirán la respuesta que tal vez deseamos. El mismo Jesús le preguntó a Su Padre si podía evitar el trauma de la crucifixión, pero terminó Su oración con las palabras «pero no se cumpla mi voluntad, sino la tuya» (Lucas 22.42 NVI).

Dios tiene promesas para cada una de nosotras —promesas de vida abundante y de paz, alegría y esperanza. Esas promesas universales también pueden incluir bendiciones personales para nuestras familias, lugares de trabajo e iglesias. Así que sacúdele el polvo a tu Biblia y descubre lo que Dios dice acerca de tu situación. La Palabra funciona todo el tiempo. ¡Y esta sí que es una razón para alegrarnos! (MMA)

Armonía, melodía y ritmo

Sed llenos del Espíritu, hablando entre vosotros con
salmos, con himnos y cánticos espirituales, cantando
y alabando al Señor en vuestros corazones.

Efesios 5.18–19 rvr1960

Mientras crecía y aún ahora de adulta, siempre me gustó
escuchar a mi mamá tararear. Cuando está trabajando
en la cocina, limpiando o haciendo algún proyecto, ella
tararea. Solamente esto cesó por una larga temporada
durante el primer año luego de la muerte de mi papá.
Pero como Él siempre hace, Dios forjó Su sanidad en el
quebranto de mi mamá, y el tarareo regresó a su vida.
A una de las enfermeras con las que trabajo también
le encanta tararear. Me parece algo muy placentero y
hasta contagioso. Una noche en el trabajo, yo estaba muy
distraída en lo que estaba haciendo que no me percaté
del sonido que estaba emitiendo.

«Disculpa», me dijo una de mis compañeras de trabajo. Cuando la miré, me percaté que tenía el ceño fruncido. «¿Te importaría dejar de hacer ese ruido. Es bastante fastidioso».

¡Parece que no todas disfrutamos el tarareo de los demás! Tal vez por esto fue que Dios quiso que Pablo escribiera «alabando al Señor *en vuestros corazones*» (énfasis añadido). No todo el mundo disfruta escuchar las meditaciones musicales de otros.

La música, en todas sus expresiones, es un motivador poderoso, ¿no te parece? Es casi imposible encontrar una película que no tenga música de fondo. Hitler siempre estuvo presto a usar la música para despertar en sus ejércitos un apasionado fervor por la «patria». Cantamos canciones de cuna para calmar a los bebés y cánticos de adoración para inspirar la alabanza y enfocarnos en Dios. Hasta los video juegos y las máquinas de «flipper» tienen cierto tipo de música para hacer partícipe al usuario.

¿Acaso has pensado alguna vez cómo sonaría el Señor Jesús cuando cantaba? Antes de que Él y sus

discípulos fueran al monte de los Olivos, ellos cantaron un himno (Marcos 14.26). ¿Tendría el Señor una profunda voz de barítono o una ascendente voz de tenor? Dios ha insertado la música en la creación porque Su voz es la primera voz. No solo las estrellas cantan (Job 38.7), sino que Dios también. «Señor tu Dios está en medio de ti», dice Sofonías, y Él «se alegrará por ti con cantos» (Sofonías 3.17 NVI). En un momento tranquilo, «con su amor calmará todos tus temores» (Sofonías 3.17 NTV).

En el lenguaje de señas, el gesto del canto o de la música es un movimiento elocuente de una mano sobre la otra. Eso «dice» que la música puede ser tranquilizadora. ¿Acaso tu día está demasiado ajetreado o fuera de control? Tal vez es un buen momento para escuchar algo de música, colocar esos dedos sobre el teclado del piano o tararear tu himno de adoración predilecto. Deja que un poco de música suspire una dosis de serenidad en tu apresurado día. (KAD)

Dios te da su sabiduría

Si necesitan sabiduría, pídansela a nuestro generoso
Dios, y él se la dará; no los reprenderá por pedirla.

SANTIAGO 1.5 NTV

Mientras más años cumplo, más me sorprendo diciendo:
«Bueno, como mi mamá solía decir...». Esto se ha
convertido casi en un chiste entre mis amigas, y ellas
comienzan a reírse antes de que pueda citarles algún
refrán contundente. De hecho, algunos de los dichos de
mi mamá son bastante graciosos, repletos de consejos
caseros y metáforas sencillas, como el día que estaba
enlatando unos frijoles y me dijo que tenía «más calor
que un predicador en una carpa al aire libre en pleno
verano». Somos de Alabama, ¡y puedo asegurarte que el
calor de verano en una carpa es bastante candente!

Sin embargo, no es solo en los proverbios prácticos
en los que dependo. La sabiduría de mi madre a veces

me asombra. Comencé a pedirle consejo sobre la gente y las situaciones cuando era todavía una niña, y muy rara vez me ha dirigido mal. Cuando un estudiante intentó intimidarme en la escuela intermedia, su consejo me ayudó a solucionar la situación en unos pocos días. Cuando, ya en la universidad, el tener que lidiar con distintos tipos de hombres me tenía bastante confundida, ella me ayudó a encontrar mi balance otra vez. Ella me enseñó a manejar el dinero, el trabajo y hasta mi fe.

En una ocasión le pregunté sobre su fuente de sabiduría y ella me contestó: «Un poquito de vida y muchísima oración».

Mi mamá ha aprendido a depender de Dios para dirección e inspiración, lo que la ha vuelto inapreciable para sus amistades y familia. Ella entregaba a Dios hasta los problemas más pequeños, y esto le dio la confianza para ayudar a quienes se acercaban buscando su consejo.

Me parece muy revelador que la sabiduría en las Escrituras es representada por una mujer (ver Proverbios 1.20-21), puesto que las mujeres tenemos un sentido de instinto particular sobre cómo tomar las pequeñas lecciones de la vida y usarlas para apoyar y cuidar a sus seres amados. Y todavía más alentador es este recordatorio de Santiago, de que si sentimos que nos falta sabiduría, todo lo que tenemos que hacer es pedirla —y Dios nos dará tanto la sabiduría como la confianza para usarla. (RR)

No te preocupes, ¡sé feliz!

¿Quién de ustedes, por mucho que se preocupe,
puede añadir una sola hora al curso de su vida?

MATEO 6.27 NVI

¿Recuerdas la canción de los ochenta *Don't Worry, Be Happy* [No te preocupes, sé feliz]? (Justo ahora la estás cantando, ¿cierto?) Esta canción no es solo divertida, no solo tiene un pegajoso ritmo de reggae, sino que también es un buen consejo. «No te preocupes, sé feliz» es un excelente lema para adoptar, porque la preocupación puede robarte la felicidad más rápido de lo que puedes decir «calentapiernas».

La preocupación es algo elusiva. Puedes comenzar el día simplemente pensando en una situación en tu vida, pero si piensas en ella por demasiado tiempo, termina convirtiéndose en una preocupación abrumadora. Comenzarás a pensar cosas como: *Si esos despidos*

realmente llegan a nuestra compañía, no sé qué haré. Casi no nos alcanza ahora. ¿Qué tal si no puedo conseguir otro trabajo con seguro médico? ¿Qué tal si no me dan un paquete de indemnización por cese? ¿Qué tal si? ¿Qué tal si? ¿Qué tal si?

No permitas que tus pensamientos te lleven hasta allí. Si cruzas hasta llegar a la tierra de la preocupación, a la larga vas a pisar el territorio del miedo y a fin de cuentas, te tropezarás con el perímetro de la desesperación. ¡Y no vale la pena! Además, no importa cuánto te preocupes, eso no cambia la situación ni un poquito, ¿cierto? La oración es la que cambia las cosas.

La preocupación no es solamente una ladrona de la felicidad, es también un pecado. La Biblia nos instruye a no preocuparnos. Mateo 6.34 dice: «Por lo tanto, no se angustien por el mañana, el cual tendrá sus propios afanes. Cada día tiene ya sus problemas» (NVI).

¿No te parece bastante claro?

Preocuparte es un hábito difícil de romper, especialmente si has vivido toda tu vida preocupándote por todo. Pero no es imposible de superar. ¿Cómo lo sé?

Porque por muchos años formé parte de una categoría mundial de la gente que más se preocupaba por todo. Me ponía a pensar en cualquier cosa por mucho tiempo, y a la larga, me confundía de tal manera que quería esconderme debajo de las sábanas y comer caramelos todo el día. ¿Te ha pasado?

Si te has estado embarcando regularmente a la tierra de la preocupación, sal de esa autopista. Toma el atajo de la oración y mantente en esa carretera hasta que encuentres tu destino final de paz, felicidad y victoria. Y mientras estás «en el auto», pon un CD de música de los ochenta y canta «Don't Worry, Be Happy». ¡Una buena canción siempre hace que la jornada sea más divertida! (MMA)

Con saliva, fango y una horquilla

No logro conciliar el sueño; parezco
ave solitaria sobre el tejado.

SALMO 102.7 NVI

Encarcelados en dos celdas separadas, la doctora
misionera y su esposo médico se encontraban en un
campo de concentración manchuriano. Los días sin
ningún cambio en la rutina ni en los alrededores
amenazaban a la doctora Byram. No sabía cuánto tiempo
estaría en su celda solitaria. No sabía si saldría con vida
de allí. Lo único que tenía con ella era su Biblia.

    ¿Dónde puede una mujer encontrar serenidad
mientras está encarcelada en un país extranjero sin
amistades, familia ni ninguna ayuda al alcance?
Acostumbrada a los días ocupados y las noches
de ministerio y sanidad, ¿cómo podía ahora pasar

sola aquellas horas sin fin? ¿Podría encontrar algún significado en todo esto? ¿Podría mantener la cordura?

La doctora Byram abrió su Biblia y comenzó a leer. Decidió estudiar la Palabra de Dios de tapa a tapa. No tenía papel, ni bolígrafo, ni ninguna manera al alcance para poder documentar sus pensamientos o lo que aprendía, por si algún día salía del confinamiento solitario. Se rascó la cabeza y su dedo tocó algo duro y recto.

Retiró la horquilla de su cabello y la estudió por un momento. Se metió una punta en la boca y luego la colocó en el polvo del piso de tierra. Luego la usó para «escribir» en su Biblia. ¡Y funcionó!

Hasta que fue liberada de la prisión, esta mujer plasmó los pensamientos y las reflexiones de su estudio bíblico con una horquilla, su saliva y el fango del piso de su celda. Nunca olvidó su tiempo a solas con Dios en aquella prisión solitaria. Meticulosamente registradas en su Biblia, las lecciones en solitaria también fueron inscritas en su alma.

A raíz de su experiencia en Manchuria, la doctora Byram se convirtió en una mujer de oración como

pocas otras. Una vez puesta en libertad, dedicó noventa minutos diarios a la oración por el resto de su vida. Ella descubrió la clave para la serenidad (y la oración) en el confinamiento solitario.

Algunas veces nos podemos sentir como si estuviéramos en confinamiento solitario. Nuestra salud nos mantiene en la casa, o nuestras amistades y familiares han muerto o se han mudado. Tal vez tenemos más tiempo solas —como el ave solitaria sobre el tejado— de lo que quisiéramos. ¿Podemos hacer con esas horas, días, semanas y meses lo que esta misionera hizo con las de ella?

Jesús nunca ha hecho una promesa que Él no pueda o no vaya a cumplir. «Y tengan por seguro esto: que estoy con ustedes siempre, hasta el fin de los tiempos» (Mateo 28.20 NTV). (KAD)

¿Tu vaso está medio lleno?

*Estén siempre alegres, oren sin cesar, den
gracias a Dios en toda situación, porque esta es
su voluntad para ustedes en Cristo Jesús.*

1 Tesalonicenses 5.16–18 NVI

¿Eres una persona del tipo vaso medio lleno o medio
vacío?

Tal vez puedes decir que es una pregunta tonta
porque, de cualquier manera, es simplemente medio
vaso. Cuantitativamente, es cierto. Lo que piensas no
aumenta ni disminuye la cantidad real de líquido en el
vaso. Pero, *cualitativamente*, hace una gran diferencia:
entre una existencia feliz o infeliz.

Hace unos años, la compañía de comunicaciones
para la que trabajaba tuvo un año fiscal muy difícil.
Cerca de Navidad, recibimos un memo que leía:

Debido a los retos financieros de este año, no vamos a poder darles a ustedes, nuestros preciados empleados, el bono de Navidad en esta temporada.

La carta continuaba presentando disculpas, nos pedía paciencia y oración por un mejor año.

Cuando el infame memo llegó a nuestros escritorios, ¡la gente del tipo vasos medios vacíos estaba furiosa! Para ser sincera, nosotros, los de los vasos medios llenos, no estábamos tampoco bailando de alegría, pero la diferencia entre los dos grupos era enorme.

Los empleados del tipo vasos medio vacíos refunfuñó por meses. Si les pedían que hicieran algo más allá de la norma, lo hacían de mala gana y luego decían algo sarcástico como: «Ah, claro, no podemos esperar para hacer lo que quieren porque nuestra compañía ha hecho muchísimo por nosotros recientemente». Los del tipo vasos medios llenos, por otro lado, continuaron trabajando con ahínco, con la esperanza de que el futuro mejorara.

El siguiente diciembre, recibimos otro sobre en nuestros escritorios, pero esta vez no solo contenía un

memo. Había un cheque de bono navideño. Suspiros de alivio y expresiones de celebración se escucharon en el campamento vasos medios llenos. ¿Adivina lo que hizo el grupo vasos medios vacíos?

Se quejaron.

«Bueno, ¡ya era tiempo!», se escuchó desde algunos cubículos. O, «¡mejor tarde que nunca!» o «Si me preguntas, esto es muy poco y está demasiado tarde».

Fue una excelente lección —una que jamás olvidaré. Vi de primera mano cómo la gente vasos medios vacíos y los vasos medios llenos manejan los altibajos del diario vivir. ¿El resultado? Descubría que la gente que ve los vasos medios llenos viven vidas más felices y plenas que los que ven los vasos medios vacíos. Cuando enfrentan exactamente las mismas circunstancias, un grupo decide ser feliz y el otro se deprime.

Así que te pregunto otra vez: ¿Eres una persona del tipo vaso medio lleno o medio vacío? Si tu vaso luce hoy medio vacío, llénalo con Dios y cambia tu perspectiva. El nivel en tu vaso tal vez no cambie, ¡pero sí cambiará tu nivel de felicidad! (MMA)

Confianza para compartir tu fe

Traigo a la memoria tu fe sincera, la cual animó
primero a tu abuela Loida y a tu madre Eunice, y
ahora te anima a ti. De eso estoy convencido.

2 Timoteo 1.5 nvi

Es una verdad obvia que escuchamos repetirse todo
el tiempo: los padres son la influencia más importante
en sus hijos. Los niños observan y escuchan,
especialmente cuando son pequeños, y absorben la
manera en que sus padres actúan, y también escuchan
lo que dicen. Por esto, Loida y Eunice son reconocidas
por transmitir su «fe sincera», y por enseñar a Timoteo
las santas escrituras, que es un paso importante para
alcanzar «la sabiduría necesaria para la salvación
mediante la fe» (2 Timoteo 3.15 nvi).

Loida y Eunice eran judías, y lo más probable
es que se hayan convertido cuando Pablo se detuvo

en Listra durante su primer viaje misionero. Gracias a su sólida fe en el Señor, ellas aceptaron a Cristo y continuaron creciendo y practicando su nueva fe con una confianza inquebrantable. Timoteo, debido al sólido fundamento que su madre y su abuela le habían brindado, también aceptó el llamado de Jesús, y se convirtió en un líder de segunda generación en la nueva iglesia.

Pasar nuestra fe de generación en generación es un regalo vital que podemos darles a nuestros hijos y los lazos que les unirán a través de los años no serán solo de sangre. Muchas de las personas más sabias en nuestras vidas pueden ser nuestros parientes espirituales, que no tienen ninguna relación genética con nosotras. Cada generación tiene grandes dones que compartir en sabiduría, experiencias de vida y un entendimiento más profundo de las Escrituras que a veces viene simplemente de caminar con Cristo durante décadas.

De madres a hijas, de abuelas a nietas, de mentoras a jóvenes en su cuidado espiritual. Todas podemos mirar a las hermosas lecciones que transmitieron Loida y

Eunice, y podemos ver la necesidad y tener la confianza para alcanzar a los nuestros. Si bien no sabemos qué tipos de adultas llegarán a ser, las enseñanzas del Señor permanecerán con ellas para siempre. (RR)

Estás capacitada

Pero Moisés le dijo a Dios: «¿Y quién soy yo para presentarme ante el faraón y sacar de Egipto a los israelitas?».

ÉXODO 3.11 NVI

Hace poco leí una pegatina en un auto que decía: «Dios no llama a los capacitados; Él capacita a los llamados».

¿No te parece fabuloso?

En un mundo que exige cualificaciones para casi todo, ¿no te parece bien que Dios demande solo tu disposición para servirle? De hecho, Dios llama a gente imperfecta.

Veamos a Moisés. Dios tenía una enorme tarea para él a pesar del hecho de que Moisés había matado a un egipcio, lo había escondido en la arena y luego huyó de Egipto porque tenía miedo de lo que podía ocurrirle.

No es exactamente un resumé impecable, ¿no te parece?

Además, Moisés tenía dificultad para hablar —sin embargo, Dios le estaba pidiendo que fuera donde Faraón y le pidiera que dejara ir al pueblo de Dios. Moisés sabía que no estaba capacitado. De hecho, le dijo a Dios: «Señor, yo nunca me he distinguido por mi facilidad de palabra —objetó Moisés—. Y esto no es algo que haya comenzado ayer ni anteayer, ni hoy que te diriges a este servidor tuyo. Francamente, me cuesta mucho trabajo hablar» (Éxodo 4.10 NVI).

Pero el Señor ya sabía esto, y aún así quería que Moisés hiciera el trabajo. Le dijo a Moisés: «¿Y quién le puso la boca al hombre? —le respondió el Señor—. ¿Acaso no soy yo, el Señor, quien lo hace sordo o mudo, quien le da la vista o se la quita? Anda, ponte en marcha, que yo te ayudaré a hablar y te diré lo que debas decir» (Éxodo 4.11-12). Dios ya sabía que Moisés no era un orador dotado. Ya conocía todos los defectos de Moisés, pero aún así Él escogió a Moisés para que dirigiera al pueblo de Israel fuera de Egipto hasta la Tierra Prometida.

¿Y sabes qué? Dios también conoce todos tus defectos, y no le importa. Él quiere usarte de todas maneras. Dios no necesitas tus cualificaciones ni tus habilidades. Él solo quiere tu corazón dispuesto y tu disponibilidad. Él se encargará del resto.

Confía en Él y siéntete animada. A los ojos de Dios, estás capacitada. Puedes sentirte emocionada y feliz sobre tu vida porque Dios tiene un plan, y el plan es bueno (ver Jeremías 29.11). Tal vez no te sientes capacitada para hacer las cosas que Dios te ha llamado a hacer, pero Dios está más que capacitado —¡y Él está cuidando tus espaldas! (MMA)

Dios te escoge a ti

Al acercarse a él, también ustedes son como
piedras vivas, con las cuales se está edificando
una casa espiritual. De este modo llegan a ser un
sacerdocio santo, para ofrecer sacrificios espirituales
que Dios acepta por medio de Jesucristo.

1 PEDRO 2.4–5 NVI

Nacida solo dos años antes de la primera convención
para los derechos de la mujer en 1850, Mary Slessor le
dio un significado totalmente nuevo a la idea de libertad
de la mujer.

Pelirroja y con ojos brillantes, Mary supo desde
niña que quería ser misionera. Sintió que Dios la había
escogido para seguir las huellas de David Livingstone,
aunque sabía que primero tendría que crecer un poco.
Cuando su familia se mudó a Dundee en 1859, ella
comenzó a trabajar en una fábrica de yute la mitad

del día, y luego iba a estudiar la otra mitad. A la edad de catorce años, Mary ya era una tejedora diestra que continuaba estudiando diligentemente.

A los veintiocho años finalmente vio su sueño hacerse realidad y fue asignada a Calabar por la Junta de Misiones Extranjeras. Y allí provocó algo de conmoción yendo en contra de todas las normas para las mujeres misioneras. Dejando a un lado las fajas y los velos, Mary se vestía según la moda de las tribus con las que trabajaba y aprendió a hablar Efik, para así poder usar el humor y sarcasmo en sus enfrentamientos con algunas de las tradiciones tribales.

¡Y vaya que tuvo enfrentamientos! Ella sentía gran respeto por la gente con la que vivía y ellos lo entendían. Ese respeto le dio la libertad de atacar algunas de sus prácticas, como el ritual de matar a gemelos, pues creían que eran concebidos por demonios. Mary convenció a los líderes tribales que procrear gemelos era, más bien, una señal de virilidad masculina. También trabajó en favor de conseguir más dignidad para las mujeres y luchó contra la esclavitud de las niñas y las esposas. Una de

las anécdotas que se cuenta sobre Mary Slessor es que en una ocasión se topó con un grupo de hombres atacando a una jovencita y ella los atacó con su paraguas con tal furor que ellos huyeron.

La confianza de María para hacer la voluntad de Dios no conocía límites, y las tribus locales del oeste de África la recibieron con los brazos abiertos, y la llamaron la «madre de todos». Ella continuó trabajando arduamente en el corazón del país, amando a las personas y llevándoles los mensajes de esperanza y libertad, así como la Palabra de Dios. Ella vivió más que muchos de colegas misioneros, quienes pensaban que se debió a su absoluta voluntad de sobrevivir.

Ella murió a causa de una fiebre en enero de 1915, a los sesenta y seis años.

Mary Slessor, gracias a su amor por Dios y a su determinación de ayudar a las personas, representa un modelo para probar exactamente cuánto puede hacerse cuando tenemos confianza en el camino que Dios ha escogido para nuestras vidas. (RR)

No más jugo de insectos

*En cambio, la clase de fruto que el Espíritu Santo
produce en nuestra vida es: amor, alegría, paz, paciencia,
gentileza, bondad, fidelidad, humildad y control propio.*

GÁLATAS 5.22–23 NTV

Todas las chicas en nuestro estudio bíblico tenemos un
dicho secreto para mantenernos alineadas mutuamente.
Cuando alguna de nosotras comienza a actuar feo, una
hermana en Cristo afectuosa nos susurra al oído: «Jugo
de insecto». ¿Qué significa esto? Bueno, cuando aplastas
un insecto, ¿qué sale? ¡Jugo de insecto! Y créeme, no es
nada lindo.

En otras palabras, cuando estamos bajo presión,
lo que sea que tenemos en el interior es lo que va a
salir. Y si es jugo de insecto, eso es lo que arrojamos.
Si es amor, alegría, paz, paciencia, gentileza, bondad,
fidelidad, humildad y control propio —eso es lo que sale.

Por eso tenemos que pasar tiempo en la Palabra de Dios, llenándonos más de Jesús y Sus promesas.

Hace poco, mi amiga Susan tuvo la oportunidad de poner en práctica este principio del «jugo de insecto» cuando su hija, Schalen, tuvo un serio accidente de auto. Cuando Schalen fue admitida en la unidad de cuidado intensivo con su cuello fracturado y coágulos de sangre en el cerebro, el pánico inundó la sala de espera. La situación lucía poco prometedora. Cuando los doctores explicaron a la familia la severidad de las lesiones de Schalen, Susan se mantuvo fuerte. A través de lágrimas, declaró: «No temeré. Dios está en control. Schalen está sana en el nombre de Jesús!».

Cuando la gravedad de la situación apretó a Susan, lo que salió no fue jugo de insecto. Lo único que salió de Susan fueron palabras llenas de fe. Ella citó las Escrituras y alabó a Dios por el cuerpo sano y fuerte de Schalen.

La actitud positiva y las declaraciones de fe de Susan cambiaron toda la atmósfera en aquella sala de espera. En menos de veinticuatro horas, Schalen salió de

su estado crítico. En cuarenta y ocho horas, ya estaba de pie y caminando. Apenas una semana más tarde, Schalen caminó por la tarima de su Bedford North Lawrence High School para recibir su diploma.

Tal vez estás ahora mismo en medio de una situación crítica, ¡y estás a punto de vomitar jugo de insecto! Pídele a Dios que desarrolle en ti el fruto del Espíritu. Pasa hoy algún tiempo en la Palabra de Dios. Medita en Sus promesas, y descansa en Él. Pronto, el jugo de insecto será algo del pasado y solo fluirán de ti amor y paz. Emanarás el amor de Jesús cuando sientas presión. Y, como Susan, cambiarás la atmósfera que te rodea. Ya hay bastante jugo de insecto allá afuera. ¿Por qué no llenar tu mundo hoy con belleza? (MMA)

Confianza para tener una fe inquebrantable

Pensaba: Si al menos logro tocar su manto, quedaré sana. Jesús se dio vuelta, la vio y le dijo: «¡Ánimo, hija! Tu fe te ha sanado». Y la mujer quedó sana en aquel momento.

MATEO 9.21–22 NVI

Doce años. Por doce largos años, esta mujer había sangrado, en muchas más formas que solo físicamente. Para los estándares judíos, su enfermedad la señalaba como «impura», y lo más probable es que sus familiares y amistades la hayan aislado. Si estaba casada, a su esposo no le era permitido tocarla. Los doctores a los que había recurrido por ayuda habían agotado sus ahorros, dejándola en necesidad, sin esperanza y desesperada (ver Lucas 8.43).

Entonces, ella escuchó sobre Jesús. Oyó sobre las sanidades que había llevado a cabo y que Él hablaba la palabra de Dios. Finalmente había esperanza. ¡Si solo pudiera llegar a Él! Se arriesgó y se abrió paso entre la gente, creyendo firmemente que si podía tocar solo el borde del vestido de Jesús, podía ser sanada.

Lucas también escribió sobre este momento, diciendo que Jesús inmediatamente supo que había salido poder de Él, y se volteó y dijo: «¿Quién me ha tocado?» (Lucas 8.45 NVI). Los discípulos estaban sorprendidos. Con toda la gente que estaba empujando a Jesús, ¿cómo era posible que distinguiera un toque de otro?

Sin embargo, sí sabía, y también la mujer, que ahora estaba aterrada. Ella era impura y se había atrevido a tocar a un rabino. Se postró de rodillas ante Jesús, temblando, y le explicó por qué le había tocado.

No obstante, la respuesta de Jesús fue una de compasión y seguridad. Él estaba impresionado con la sencilla transparencia de su fe, y la consoló y la declaró sana.

Aunque la sociedad judía de aquel tiempo no siempre valoraba a la mujer, Jesús sí lo hizo. Él las ayudó, entabló amistad con ellas, las sanó y las honró en Su ministerio. Nada ha cambiado; Jesús todavía nos valora a cada una de nosotras.

Aunque las pruebas y las enfermedades son parte de nuestras vidas como seres humanos, nuestra fe puede permanecer firme gracias a Su amor. (RR)

¡Alégrate, pase lo que pase!

Alégrense siempre en el Señor. Insisto: ¡Alégrense!

FILIPENSES 4.4 NVI

En la carta de Pablo a la iglesia en Filipos, él menciona *alegría* o *gozo* más de una docena de veces. Lo que hace que esto sea más extraordinario es que Pablo estaba en prisión cuando les escribió a los filipenses. Y no era una prisión cualquiera. El erudito griego Rick Renner estudió los detalles históricos de la prisión donde Pablo fue detenido y recientemente compartió con nuestra iglesia sus hallazgos. Parece que esta prisión romana era conocida como una de las peores en todo el imperio.

En realidad, la prisión había sido usada como pozo séptico por muchos años, y con el tiempo, se había convertido en una prisión para los peores criminales. Se encadenaba a los prisioneros con los brazos sobre sus cabezas y les obligaban a pararse en desperdicios

humanos que llegaban hasta sus caderas. Los presos
tenían que mantenerse todo el tiempo de pie, sin
importar lo cansados que estuvieran. Como la prisión no
tenía ventanas ni ventilación, el mal olor debe haber sido
terrible. De hecho, muchos prisioneros morían a causa
de los gases tóxicos. Otros morían a consecuencia de las
mordidas de ratas e infecciones. Y otros morían a causa
de la desesperanza.

La prisión era *así* de terrible, tan terrible que le
robaba la vida a muchos hombres fuertes.

Entonces, ¿cómo el gran apóstol escribía sobre
alegrarse en el Señor? Pablo había descubierto que
la fuente de su alegría no tenía nada que ver con su
ambiente ni su estado físico. Él encontró su alegría en
Jesucristo. Fue el Hijo de Dios mismo quien capacitó
a Pablo para escribir: «Alégrense siempre en el Señor.
Insisto: ¡Alégrense!».

Pablo estaba rodeado de oscuridad, excremento
y fatalidad —pero su corazón estaba lleno de Jesús
y alegría. Él enfocó su vista en las cosas eternas.
Pablo sabía que el Señor estaba con él en medio de su

sufrimiento y sabía que Jesús lo liberaría de ese lugar de desolación.

Entonces, ¿cómo está tu nivel de alegría hoy? Aprende esta lección del apóstol Pablo: ¡Alégrate, pase lo que pase! Dios está contigo. Él te ama y está completamente al tanto de tu situación. Que no te conmuevan tus circunstancias, aunque estés sumergida hasta la cintura en deudas, enfermedad, problemas matrimoniales, adicciones físicas, o lo que sea. Dios puede liberarte. Así que alégrate siempre en el Señor —insisto, ¡alégrate! (MMA)

Aprendiendo a escuchar

Quédense quietos, reconozcan que yo soy Dios.

SALMO 46.10 NVI

Aceptémoslo. Nos gusta hablar. El *Farmer's Almanac* dice que la mujer promedio habla veinticinco mil palabras más por día que un hombre. No es de extrañar entonces que los hombres en nuestras vidas nos «apaguen» de vez en cuando. El escuchar es casi un arte perdido en nuestros días. La fallecida Brenda Ueland, una prolífica autora y columnista de Minnesota, escribió en una ocasión: «Todas debemos saber esto: que es el escuchar, no el hablar, un papel privilegiado y maravilloso, y también lleno de imaginación. Y la verdadera oyente es más amada y carismática que la habladora, y ella también es más efectiva y aprende más y hace mucho más bien».

Recientemente, mi amiga Darlene descubrió lo atractivas que pueden ser las buenas destrezas de escuchar. Ella se sentó junto a una dama en un partido de béisbol de su hijo, y como nunca antes la había visto, Darlene le hizo algunas preguntas. La mujer se pasó toda la noche respondiendo a sus preguntas, pero nunca le preguntó nada a Darlene sobre ella.

Más tarde aquella misma semana, la hija de aquella dama parlanchina le comentó a Darlene sobre lo mucho que su mamá había disfrutado de su conversación durante el partido. Darlene tuvo que sonreír ante el comentario de la hija. Había sido una conversación unilateral, pero aparentemente era justo lo que la mujer había necesitado, y Darlene se sintió contenta por haber ayudado.

Muchas veces, estamos muy dispuestas a compartir nuestros perspicaces comentarios o nuestros relatos graciosos para lucir más encantadoras, pero no escuchamos realmente al interlocutor. No, estamos demasiado ocupadas «ensayando» nuestras respuestas en

nuestras mentes, esperando por la primera oportunidad para interrumpir y deslumbrar a quienes nos rodean.

¿Eres culpable de interrumpir? ¿Careces de destrezas para escuchar? Si eres como la mayoría de las mujeres, entonces es así. Y esa no es una cualidad muy atractiva. No importa lo guapa que puedas ser en el exterior, si interrumpes constantemente a los demás o quieres hablar más que nadie, la gente no te ve con buenos ojos.

La gente admira a las buenas oyentes — especialmente los hombres en nuestras vidas. Si los escuchas con atención, te hablarán con más frecuencia. Practica escuchar hoy. Es posible que descubras que hablar es valorado excesivamente. (MMA)

Como una niñita

El lobo vivirá con el cordero, el leopardo se echará
con el cabrito, y juntos andarán el ternero y el
cachorro de león, y un niño pequeño los guiará.

ISAÍAS 11.6 NVI

La pequeñita Gabriela tiene una celebración favorita,
pero ciertamente no es la Noche de brujas. Cuando
para fines de octubre comienzan a aparecer fantasmas,
duendes y monstruos, la usualmente sociable Gabriela
se esconde detrás de las piernas de su mamá. Eso le
da un momento de aparente seguridad, pero no es ahí
donde ella encuentra su paz. Su madre la escuchó en un
momento de oración espontánea tan pronto se subieron
al auto: «Querido Jesús, sabes que esos "monstruos" me
asustan. Son malos. No me gustan. Cuídame, Jesús. No
permitas que me hagan daño. Yo sé que me vas a cuidar.
Sé que lo vas a hacer». Sin ningún amén, pero con la

fe confiada de una niñita, Gabriela hizo una transición inmediata a su usual personalidad habladora y feliz.

Piensa en el tiempo cuando eras una niñita. ¿Te preocupabas cuando ibas en camino a casa de la abuela y estaba nevando? ¡Seguro que no! La verdad era simple y sencilla: *vamos para casa de abuelita!* Y, mejor aún, ¡también está nevando! ¿Te pasabas largas horas pensando qué te ibas a poner para ir a una fiesta? No. Te sentías feliz de que te hubieran invitado. ¿Te preocupabas porque había pelos de perro por todas partes en la casa? ¡Claro que no! Te sentías súper feliz porque tenías un cachorrito todo para ti.

No hacía falta mucho para sentirnos felices. Cuando Jesús quiere que meditemos en el contentamiento, Él nos pide que miremos cosas que crecen —como los lirios y los niños, por mencionar dos. «¿Y por qué se preocupan por la ropa? Observen cómo crecen los lirios del campo. No trabajan ni hilan; sin embargo, les digo que ni siquiera Salomón, con todo su esplendor, se vestía como uno de ellos» (Mateo 6.28–29 NVI).

Cuando unos adultos refunfuñones se enojaron porque había unos niños revoltosos en el templo, Jesús les recordó que es «en los labios de los pequeños y de los niños de pecho» que Dios pone la perfecta alabanza (Mateo 21.16 NVI). Especialmente cuando la adoración es espontánea.

¿Cómo hacemos esto? ¿Cómo podemos contagiarnos con la alegría desinteresada de los niños? ¿Cómo nos alegramos cuando las tonterías de la vida no frustran y nos preocupan? Cristo dice que recordemos que Dios conoce todo sobre nuestras necesidades diarias. Lo que tenemos que hacer es buscar «primeramente el reino de Dios y su justicia». Y entonces, «todas estas cosas [nos] serán añadidas» (Mateo 6.33 NVI). (KAD)

Dios transforma las debilidades en fortalezas

Y me ha dicho: Bástate mi gracia; porque mi poder
se perfecciona en la debilidad. Por tanto, de buena
gana me gloriaré más bien en mis debilidades, para
que repose sobre mí el poder de Cristo. Por lo cual,
por amor a Cristo me gozo en las debilidades, en
afrentas, en necesidades, en persecuciones, en angustias;
porque cuando soy débil, entonces soy fuerte.

2 Corintios 12.9–10 rvr1960

Sin duda alguna, Fanny Crosby no dudaría en concordar
con las palabras de Pablo sobre sus debilidades. Luego
de que un hombre haciéndose pasar por doctor la dejara
ciega a las seis semanas de nacida, Fanny nunca perdió
un momento sintiendo coraje ni autocompasión. Ella
escribió: «Ni por un momento, en mis más de ochenta

y cinco años, he sentido ni una pizca de resentimiento hacia él, porque siempre he creído que de esta manera el buen Señor me consagró a la obra que todavía puedo llevar a cabo».

Fanny, una poetisa talentosa y prolífica, ya era muy reconocida por sus recitales y publicaciones para el tiempo en el que fue aceptada en el Instituto para Ciegos a los quince años de edad. Con una mente privilegiada, ella se memorizaba grandes obras literarias, incluyendo la mayoría de la Biblia. Fue estudiante del Instituto por doce años y luego fue maestra allí otros once años. Y mientras tanto, su poesía le daba la vuelta al mundo, y para cuando cumplió sus dieciocho años, estaba recibiendo visitas de presidentes y dignatarios.

A los veintitrés, se paró frente al Congreso de Estados Unidos, y a los veinticuatro publicó su primer libro. Pero todavía no era cristiana. A Fanny le encantaba el lenguaje de la Biblia, pero su mensaje no había abierto su corazón. Finalmente, a los treinta y uno, recibió al Señor en una campaña de avivamiento, y describió su conversión como un destello de «luz celestial». Dios tocó su mente y su alma, y se abrieron las compuertas.

Durante los siguientes sesenta años, Fanny escribió más de 8.500 himnos, ¡a veces hasta siete en un solo día! La inspiración le llegaba de todas partes, desde fuentes comunes y corrientes, como dar un paseo en carroza, hasta sucesos que ciertamente sacudieron su vida, como la muerte de su hija recién nacida, para quien escribió «Segura en los brazos de Jesús».

Lo que Fanny no podía ver, sí lo podía sentir, y el amor y las bendiciones de Dios sobre ella dejaron de lado su ceguera en favor de una sabiduría y una «vista» que muy pocas personas han experimentado. Y de igual manera todas nosotras podemos seguir su ejemplo y encontrar la confianza para usar los dones que Dios ha derramado sobre nosotras, sin importar qué «debilidades» reten nuestras vidas cotidianas. (RR)

Las amigas nos traen alegría

En todo tiempo ama el amigo.

PROVERBIOS 17.17 NVI

Amigas... programas de televisión, canciones e innumerables historias se han enfocado en esos seres especiales a las que llamamos amigas. Ocasiones especiales como la «Semana de la Amistad» o el «Día de la Mejor Amiga» se han establecido para honrarlas. ¿Por qué? Porque las amigas son importantes.

Las amigas están ahí para nosotras en buenos tiempos y en los malos. Nos apoyan cuando necesitamos un hombre donde llorar. Nos alientan cuando necesitamos un refuerzo de confianza. Celebran con nosotras cuando alcanzamos nuestras metas. Nos ofrecen palabras de sabiduría cuando necesitamos consejo. Y, tal vez lo más importante, las amigas hacen que nuestra jornada de vida sea mucho más feliz.

No puedo imaginarme la vida sin Raegan, Angie, Susan, Barb, Gena, Camille, Karen, Steph, Sylvia, Jenny y las otras chicas importantes en mi vida. Ellas son la hebra de felicidad que corre por mi vida. Desde conversaciones sobre quién es el mejor cantante en *American Idol*, hasta los deliciosos panqueques de Cracker Barrel, hasta los días enteros de compras y las mañanas de los sábados haciendo aeróbicos —el tiempo que paso con mis mejores amigas traen a mi vida mucha alegría.

¿Tienes amigas especiales en tu vida? Si es así, ¿cuándo fue la última vez que sacaste tiempo para reunirte con ellas, llamarlas o enviarles una tarjeta para solo decirles «¡hola!»? La amistad exige trabajo. Requiere que inviertas tiempo. Pero, definitivamente, vale la pena el tiempo y el esfuerzo. Si no tienes ninguna amiga íntima con quien compartir tu vida, pídele a Dios que te envíe alguno de esos preciosos seres humanos. O, si has estado descuidando a tus amigas, decide hoy reavivar esas relaciones.

Dios nunca tuvo la intención de que viviéramos la vida solas. Él sabía que nos necesitaríamos unas a otras. Él sabía que las amigas añadirían una dimensión de felicidad a nuestras vidas que no podríamos alcanzar en ninguna otra parte. Te invito a celebrar a tus amigas hoy... ¡y disfruta esta jornada de vida un poco más! (MMA)

Serenidad comestible

Prueben y vean que el Señor es bueno.

Salmo 34.8 nvi

He tratado muchas veces, pero no he encontrado en la
Biblia ni una sola referencia al chocolate. Ni siquiera
una pizca de cacao, o de su lejano sustituto, la algarroba.
Lo más cerca al chocolate en la Biblia es la miel —la
dorada y pegajosa miel. Chocolate dorado, puede decirse.
Cuando queremos probar alguna delicia comestible, la
mayoría de nosotras elige el chocolate. Todavía no he
encontrado a ninguna mujer que encuentre un dulce
consuelo en un palito de apio o en una zanahoria.
Y seamos sinceras. Una manzana o una naranja es
simplemente una sustitución que nos hace sentirnos
menos culpable.

No, cuando nosotras las chicas antojamos algo
satisfactoriamente delicioso, buscamos una barra de

Snickers, o por lo menos un bloque de baklava del tamaño de una caja de zapatos. ¡Ah! Ese dulce, ese sabor celestial... dulce calma para el alma que no está ligada a nuestras papilas gustativas, sino a Dios. El salmista dice que las palabras de Dios para nosotras «son más dulces que la miel, la miel que destila del panal» (Salmo 19.10 NVI). Pero, a veces, el dulce placer de las enseñanzas divinas puede que no nos guste mucho. En el libro de Apocalipsis, Juan dice: «Lo tomé de la mano del ángel y me lo comí. Me supo dulce como la miel, pero al comérmelo se me amargaron las entrañas» (Apocalipsis 10.10 NVI). El consejo de Dios, como un todo, nos trae tanto una paz que satisface como una verdad difícil de tragar.

Jesús nos anima a disfrutar de Él como un festín para el alma. «Yo soy el pan de vida —declaró Jesús—. El que a mí viene nunca pasará hambre, y el que en mí cree nunca más volverá a tener sed» (Juan 6.35 NVI). Jesús no es solo alimento para el alma, pero también la bebida para el alma. «Pero el que beba del agua que yo le daré, no volverá a tener sed jamás, sino que dentro de

él esa agua se convertirá en un manantial del que brotará vida eterna» (Juan 4.14 NVI). Cristo resume con sencillez Sus escandalosas declaraciones. «El que come de mí, vivirá por mí. ... el que come de este pan [refiriéndose a Él mismo] vivirá para siempre» (Juan 6.57–58 NVI).

¿Te apetece hoy un antojito dulce? ¿Necesitas una dosis de serenidad? El Señor nos invita a deleitarnos en Él y en Sus palabras. El salmista dijo: «¡Cuán dulces son a mi paladar tus palabras! ¡Son más dulces que la miel a mi boca!» (Salmo 119.103 NVI). Encuentra un lugar especial para acurrucarte con la Palabra de Dios para comenzar, terminar y hasta pasar por el momento más difícil de tu día. Deléitate en Aquel que es «el verdadero pan del cielo» (Juan 6.32 NVI) —y tal vez añade un puñado de M&M's mientras lo haces. Bien pequeño. Bien, bien, bien pequeño. Luego, saborea algo de serenidad comestible, ¡tanto espiritual como física! (KAD)

Dios te ama —con todo y tus defectos

Acerquémonos con un corazón sincero, y con la plena seguridad de la fe.

HEBREOS 10.22 RVC

Si escuchas con atención, las puedes escuchar. Mujeres por todo el globo, gimiendo y quejándose en los probadores de las tiendas. ¿Les duele algo? ¿Están enfermas? No, simplemente es la temporada de los trajes de baño y están tratando de encontrar el que no les hace verse gordas. Es una hazaña en la que se embarcan todas las mujeres, y es una de las tareas más abrumadoras que jamás enfrentará.

En serio, ¿acaso hay algo más humillante que pararse frente al espejo de un probador, bajo esos bombillos fluorescentes implacables, probándose un traje de baño tras otro? No lo creo. Me aterroriza cada

año. Porque no importa cuántas millas hayas corrido los meses anteriores, no importa cuántos ejercicios abdominales hayas hecho, no importa los postres que hayas ignorado, los trajes de baño exhiben cada una de tus imperfecciones.

Si bien puedes esconder algo de tu celulitis debajo de un vaquero o de un lindo traje negro, no escondes nada cuando te pones un traje de baño. ¡Igual ocurre con Dios! Puede que logres esconder una risa forzada en lo que llegas a la iglesia. Puedes salirte con la tuya «jugando a cristiana» frente a tus amigas y tu familia. Pero cuando entras al salón del trono, es como llevar puesto tu traje de baño delante de Dios. No puedes esconder ninguna imperfección delante de Él. Él lo ve todo.

Esa verdad solía horrorizarme —hasta más que probarme trajes de baño —pero ya no. Esto es lo mejor de Dios. Él nos dio a Jesús para que llevara nuestros pecados, porque Dios sabía que seríamos imperfectas. No importa cuántas buenas obras hagamos, no importa cuántos capítulos de la Biblia leamos todos los días, y no importa cuántos pasteles horneemos para las actividades

de la iglesia, nunca podremos ser suficientemente buenas para Dios. No podemos ganar el favor de Dios hacia nosotras. Todo lo que podemos hacer es pedirle a Jesús que sea el Señor de nuestras vidas y ya «estamos en casa». Entonces, en cualquier momento que entramos en el salón del trono, Dios nos ve a través «del filtro de Jesús» y todo lo que Él ve es perfección.

Si no le has pedido a Jesús que lleve tu pecado y sea el Señor de tu vida, ¿por qué no lo haces hoy? Es la decisión más estupenda que jamás podrás tomar. Ahora bien, si pudiéramos dar con algún tipo de filtro de perfección para usar en la temporada de los trajes de baño, la vida sería maravillosa. (MMA)

La confianza para que Dios te use

Entonces María dijo: «Engrandece mi alma al Señor; y mi espíritu se regocija en Dios mi Salvador. Porque ha mirado la bajeza de su sierva; pues he aquí, desde ahora me dirán bienaventurada todas las generaciones».

LUCAS 1.46–48 RVR1960

¿Qué tal si María hubiera dicho que no? Podía haberlo hecho. Dios no la obligó a aceptar Su voluntad para su vida; Él la dejó escoger. Con todo y lo abrumador que debe haber sido la aparición de un ángel en su cuarto, la decisión de María no debe haber sido fácil. Su vida era sencilla y estable: era joven, estaba comprometida con un buen hombre y estaba lista para comenzar su nuevo hogar. Aceptar la voluntad de Dios significaba arriesgar todo eso y mucho más.

Una mujer que salía embarazada durante su compromiso podía ser acusada de adulterio y ser apedreada. En el mejor de los casos, José sabría que el hijo no era de él y podía romper el compromiso con ella. Si sobrevivía esto, su vida quedaría arruinada. Sin embargo, la mente de María estaba en el Señor, no en la sociedad humana. Sintió un temor reverencial ante tal honor, y solo preguntó cómo Dios planificaba realizar tal milagro. Cuando elevó sus cánticos de adoración al Señor, más adelante (ver Lucas 1.46-55), esta jovencita expresó su alegría y su orgullo al haber sido escogida por Dios. Su amor por Dios y su comprensión de las Escrituras le dieron la absoluta confianza para su contundente «¡Sí, Señor!».

María fue realmente bienaventurada, pero ser la madre de Jesús vino acompañado de tremenda ansiedad y angustia. Ella vio la gloria de Sus milagros, pero también sintió el dolor de Su muerte. Como cualquier otra madre, se aterró cuando Él se extravió y se regocijó en Sus triunfos. Y luego de Su muerte, ella se reunió con los discípulos en el aposento alto (ver Hechos 1.12-14) para orar, llorar y estar junto a aquellos que lo habían amado.

María pudo haber dicho que no, igual que cualquiera de nosotras cuando sentimos el toque de Dios en nuestras vidas. Y como descubrió María, seguir a Dios puede llevarnos por un camino pavimentado con gran dolor, así como inmensa alegría. Sin embargo, si amamos al Señor y entendemos Su amor por nosotras, entonces descubriremos la confianza para decir: «¡Sí!». (RR)

Deja el pasado atrás, de una vez y por todas

Olvidando lo que queda atrás y esforzándome
por alcanzar lo que está delante, sigo avanzando
hacia la meta para ganar el premio que Dios ofrece
mediante su llamamiento celestial en Cristo Jesús.

FILIPENSES 3.13–14 NVI

Ralph Waldo Emerson escribió: «Vive cada día y déjalo atrás. Hiciste lo que pudiste; cometiste algunos errores y seguro algunos disparates también; olvídalos tan pronto como puedas. Mañana es un nuevo día; lo comenzarás serenamente y con un espíritu demasiado alto como para estorbarlo con tus viejas tonterías». En otras palabras: «¡Pasa la página! ¡Sigue adelante! ¡Mañana es un nuevo día!». Cierto, el ayer lo echaste a perder miserablemente. Tal vez le gritaste a tus hijos, comiste demasiadas golosinas, le faltaste el respeto a tu jefe o le hablaste de

mala gana a tu esposo. Sea lo que sea que hayas hecho mal ayer, arrepiéntete lo más pronto posible y sigue adelante. El diablo intentará que le des demasiadas vueltas a tus errores pasados, pero no tienes que hacerlo. Una vez hayas pedido perdón —tanto a las personas que ofendiste como a Jesucristo— ¡ya puedes seguir adelante! Puedes comenzar el siguiente día con borrón y cuenta nueva.

Dios no recuerda los errores que has confesado, ¿por qué tienes que hacerlo tú? No permitas que los errores de ayer te roben la alegría de hoy. Recuerda, la culpa y la condenación no provienen del Padre. El enemigo quiere que te sientas tan mal contigo misma para que no progreses. ¿Sabes por qué? Porque el diablo entiende los planes maravillosos que Dios tiene para tu vida y no quiere que disfrutes de tu radiante futuro. El enemigo hará todo lo posible para atarte a tu pasado, así que no creas sus mentiras. En lugar de esto, aprende de tus errores y sigue adelante.

¡Deja el pasado atrás, de una vez y por todas! Adora al Señor por Su interminable misericordia y amor, y pídele que te ayude a ser más como Él. Eres una obra en proceso, sin terminar. Somos como bebés espirituales, aprendiendo a caminar y cayéndonos de vez en cuando —y eso está bien. Deja de estar mirando a tus errores del pasado; mantén tus ojos en Jesús. Tu futuro es feliz y resplandeciente con Él. (MMA)

Dios tiene confianza en ti

Me libró de mi poderoso enemigo, y de los que me aborrecían; pues eran más fuertes que yo. Me asaltaron en el día de mi quebranto, mas Jehová fue mi apoyo. Me sacó a lugar espacioso; me libró, porque se agradó de mí.

Salmo 18.17–19 rvr1960

¿Cuántas veces tus oraciones han sido contestadas? ¿Cuántas veces Dios te ha cuidado? ¿Cuántas situaciones estresantes has superado porque has confiando en que Dios te iba a guiar y a proteger? ¿Cuántas veces «ha resultado bien, después de todo», cuando otros te dijeron que no sería así?

Tal vez puedes pensar en alguna ocasión en la que confiaste en Dios para que se moviera activamente en tu vida, quizás para salvar a una amiga de una enfermedad terminal, o tal vez el regreso de un ser querido del campo de guerra, a pesar de una lesión que atentaba contra

su vida. Es posible que haya sido durante un periodo difícil en tu juventud, cuando la confusión sobre dónde «encajabas» en el mundo te hizo tomar algunas malas decisiones para tu vida. En algún momento de nuestras vidas, nuestros obstáculos, nuestras «calamidades», pueden impedir que vivamos una vida en santidad y eviten que sigamos el verdadero camino que Dios ha ordenado para nosotras. Y, sí, puede resultarnos aterrador el reconocer que nos sentimos abrumadas. Sin embargo, si confiamos en el Señor y le entregamos a Él nuestras vidas, podemos ver claramente que «me sacó a lugar espacioso; me libró, porque se agradó de mí» (Salmo 18.19 rvr1960).

¡Piensa en esto! ¡Él se agrada de nosotras! Cuando creemos en la gracia y el amor de Dios, y confiamos en Él al encarar cualquier y cada situación, encontramos la confianza para lidiar con nuestros problemas gracias a la esperanza, fortaleza y sabiduría infinitas que vienen de amar al Señor. Nada complace más a Dios que esto, y al hacerlo, hemos reconocido y aceptado la voluntad y las palabras de Dios en nuestros corazones y en nuestras

mentes. Dios conoce tu potencial; Él nunca se rinde contigo. Él tiene confianza en la persona que eres justo ahora y en la persona que llegarás a ser. (RR)

Sigue tus sueños

*Porque el Espíritu que Dios les ha dado no
los esclaviza ni les hace tener miedo. Por el
contrario, el Espíritu nos convierte en hijos de
Dios y nos permite llamar a Dios: «¡Papá!».*

ROMANOS 8.15 TLA

A principio de la década de los cincuenta, Lillian
Vernon pagó quinientos dólares por su primer anuncio
publicitario, que ofrecía correas con monogramas y
bolsos. Aquel pequeño anuncio, que tuvo muy poco
riesgo, ¡le produjo $32.000 en ganancias! Hoy día —más
de cincuenta años después— Lillian Vernon todavía
vende artículos de regalo y personalizados a través de un
programa de ventas por catálogo muy exitoso. De hecho,
su compañía ahora genera más de $250 millones de
dólares en ventas anuales. ¡Eso es un montón de bolsos!

Su historia de éxito es asombrosa. Pero, ¿qué tal si Lillian Vernon no hubiera pautado aquel pequeño anuncio? En aquel entonces, quinientos dólares era una gran inversión de dinero sin garantía de recuperación. ¿Qué tal si no se hubiera arriesgado? Bueno, pues no sería millonaria y muchísima gente hubiera tenido que encontrar otro catálogo para hacer sus compras navideñas anuales.

Quizás Dios ha puesto un sueño en tu corazón que es tan grande que ni siquiera lo has compartido con alguien. Tal vez Dios te está guiando para que te arriesgues en una empresa o para que comiences tu propio estudio bíblico o te ofrezcas para trabajar voluntariamente en la escuela de tu hijo o para que te postules para un cargo público. Y entonces, ¿qué te está deteniendo? ¿Por qué no pautas ese anuncio como Lillian Vernon? ¿Por qué no te arriesgas?

Si eres como la mayoría de las mujeres, el miedo te está deteniendo. El miedo es una emoción real. Puede sujetarte y no soltarte... hasta que te liberes de él por medio de la Palabra de Dios. La Biblia nos dice que

«Dios no nos ha dado un espíritu de temor» (2 Timoteo 1.7 NTV). Entonces, si no proviene de Dios, ¿de dónde vino? ¿Satanás, tal vez? Puedes apostarlo. Así que es hora de deshacerte de esa terrible y vieja emoción.

Repite en voz alta: «Todo es posible en Cristo que me fortalece. Soy cabeza y no cola. Soy más que vencedora». Recuérdate a diario quién eres en Cristo Jesús. Eres hija del Rey altísimo. Tienes la mente de Cristo. Dios te ha coronado con Su favor. Y esas son solo algunas de las promesas en Su Palabra. Aduéñate de las promesas de Dios, deja atrás el temor y sigue tus sueños. Muy pronto, ¡estarás compartiendo tu historia de éxito! (MMA)

¡Flexiona esos músculos!

Ejercítate en la piedad, pues aunque el ejercicio
físico trae algún provecho, la piedad es útil para
todo, ya que incluye una promesa no sólo para la
vida presente sino también para la venidera.

1 Timoteo 4.7–8 nvi

Para muchas de nosotras, una buena sesión de ejercicios
trae un sentido de balance a nuestras vidas. Ya sea
aeróbicos, correr bicicleta, levantar pesas o correr, el
ejercicio es bueno tanto para nuestros cuerpos como
para nuestras cabezas. Cuando nos deslizamos por una
inmaculada pista de esquiar en la nieve de invierno
o cuando respiramos profundo durante una caminata
al comenzar la primavera, una sensación de calma
mental puede apoderarse de nosotros, mientras nuestros
cuerpos resplandecen (los hombres son los que *sudan*) y
nuestros corazones laten para mantener el paso. Tal vez

no exhibimos una sonrisa satisfecha en nuestros rostros mientras tonificamos nuestros cuerpo, pero dicen que dormiremos mejor cuando llegue la hora de acostarnos.

Para aquellas de nosotras que nos esforzamos por mantener una rutina de ejercicio físico, es reconfortante saber que Dios nos dice que nuestra caminata en la pista no es tiempo perdido. De «algún provecho» en griego significa que el ejercicios es útil, ventajoso, beneficioso y favorable. Estudiar las cartas del apóstol Pablo es conocer a un hombre que alude con frecuencia al deporte y al ejercicio físico. Él se compara espiritualmente con un atleta entrenando para los juegos griegos de su tiempo: nuestros Juegos Olímpicos modernos (ver 1 Corintios 9.24-27).

Luego de todo esto, la Biblia nos lleva a un paso más allá. Es posible que encontremos enfoque y alivio en el ejercicio físico. Esto es así porque el ejercicio físico es bueno para nosotras. Pero también se nos dice que «la piedad es útil *para todo*» (énfasis añadido). ¿El problema? Tenemos que entrenar nosotras mismas para ser piadosas. ¿Perdón? ¿Cómo nos las ingeniamos para entrenar nosotras mismas para ser piadosas? ¿Y hay sosiego en eso?

Para esto, hay que «convertirse a Dios y a creer en nuestro Señor Jesús» (Hechos 20.21 NVI). Hay que pedirle perdón a Dios por nuestros pecados y por desobedecerle. Tenemos que confiar en Cristo, quien «murió por nuestros pecados según las Escrituras» y quien «resucitó al tercer día según las Escrituras» (1 Corintios 15.3-4 NVI). Y mientras continúan llevando «a cabo su salvación con temor y temblor ... Dios es quien produce en ustedes tanto el querer como el hacer para que se cumpla su buena voluntad» (Filipenses 2.12-13 NVI).

El resultado final trae una situación provechosa tanto para nuestro bienestar espiritual como el físico. «El corazón tranquilo da vida al cuerpo» (Proverbios 14.30 NVI). ¡Y eso es mejor que correr un maratón en dos horas! (KAD)

Con lombrices y todo

No es que ya lo haya conseguido todo, o que ya sea
perfecto. Sin embargo, sigo adelante esperando alcanzar
aquello para lo cual Cristo Jesús me alcanzó a mí.

FILIPENSES 3.12 NVI

¿Te sientes abrumada, como si estuvieras a punto de ser
sepultada debajo de la creciente montaña de ropa por lavar
en la canasta? ¿Alguna vez te has sentido como que todo
el mundo en el trabajo piensa que era una idiota en un
lindo vestido? ¿Sientes que veinticuatro horas no es tiempo
suficiente para lograr todo lo que tienes en tu lista de
asuntos pendiente? Hay momentos en los que me siento tan
abrumada y poco preparada que simplemente quiero correr
y esconderme debajo de la cama. Luego entonces pienso,
pero Dios es Dios. Él ya conocía todos mis defectos y fallas
antes de encargarme todas estas responsabilidades, así que
debe haber visto un potencial en mí que yo todavía no veo.

¿Acaso no te sientes agradecida porque Dios nos ve a través de los ojos de amor en lugar de condenación? En esos días en los que pierdo mis estribos con mi familia o no puedo cumplir con una fecha límite en el trabajo o pierdo una oportunidad de ser testigo de Dios simplemente porque estoy muy agotada luego de las cargas cotidianas, me siento inmensamente agradecida de que Dios sea paciente, amoroso y que sea un Dios del tipo que siempre-ve-lo-mejor-en-mí. No soy una madre perfecta. A veces la friego en el trabajo. Y con frecuencia muerdo más de lo que puedo masticar. Pero Dios me está cambiando y perfeccionándome de gloria en gloria. ¡Y Él está haciendo lo mismo contigo!

Él entiende cuando no damos en el blanco. Él nos anima cuando damos un paso más para acercarnos a Él. Y realmente nos ama, aun cuando estamos en nuestro peor momento. Piensa en esto. Dios nos ama tanto que dio a Su único Hijo por nosotras —a pesar de nuestras fallas y defectos.

Así que la próxima vez que te sientas abrumada, que no mereces algo y no tengas idea de qué hacer, pídele a Dios que te ayude a verte como Él te ve. El Señor te adora. Eres la niña de Sus ojos, aunque tengas tus defectos. ¡Y eso sí es algo para sentirse feliz! (MMA)

¡Olvídalo!

*«He tenido una lucha muy grande con
mi hermana, pero he vencido».*

GÉNESIS 30.8 NVI

Nuestro grupo de estudio bíblico de damas estaba
estudiando Génesis y llegamos al pasaje sobre Jacob y
su familia disfuncional. El autor del estudio nos pedía
que pensáramos cómo aconsejaríamos individualmente a
Raquel y a Lea, las hermanas y esposas rivales de Jacob.
Como mujeres que vivimos en otra cultura y a miles
de años de estas dos hermanas, cada una de nosotras
luchó para dar una respuesta —excepto por una de las
mujeres en nuestro grupo. Todas queríamos escuchar lo
que Cheryl, una consejera cristiana con muchos años de
experiencia, tenía que decir.

Cheryl escuchó sin comentar nuestras respuestas
especulativas. Gracias a Dios, ninguna de nosotras jamás

había tenido que compartir el afecto de nuestro esposo con una «hermana esposa». Probablemente, nuestras respuestas no hubieran hecho mella en la dinámica de esta familia fracturada, pero la pregunta realmente nos hizo pensar. ¿Y qué de Cheryl? ¿Cuál sería la respuesta de una consejera cristiana profesional para cada hermana? «Le haría a ambas la misma pregunta», dijo. Todas nos quedamos pasmadas. Ninguna de nosotras había pensado en hacerles primero una pregunta. «Y sería esta: "¿Cómo te está ayudando esta competencia para alcanzar tu meta?"».

¿Cómo? Lea, la esposa no amada, haciendo lo que aumentaba el respeto hacia ella y hacia Jacob en su cultura (teniendo muchos hijos varones), deseaba el amor de su esposo. Raquel, la esposa estéril, amada tiernamente por Jacob, deseaba darle hijos. Cada mujer descargó su frustración en la hermana. Ninguna encontró felicidad en lo que tenía. Solo encontraron frustración en lo que les faltaba. Pero, ¿cómo esta rivalidad ayudaba a Raquel a salir embarazada? ¿Y cómo ayudaba a Lea en su deseo de ganarse el corazón de su esposo?

¿Estás enfrascada en una competencia que no te ayudará a alcanzar tu meta? ¿Permites que situaciones sobre las que no tienes ningún control te arrastren en un círculo de frustración, coraje o autocompasión? La Biblia nunca nos dice si Raquel y Lea lograron sobrepasar su rivalidad y llegaron a un lugar de felicidad. Pero todavía debemos responder la pregunta si alguna rivalidad está poniendo en juego nuestra felicidad. Una oración sincera a Dios, quien puede darnos verdadera felicidad, puede comenzar nuestro proceso. Intenta parafrasear 2 Tesalonicenses 3.16: «Ahora, que el mismo Señor de paz [me] dé su paz en todo momento y en cada situación». (KAD)

Una vasija caritativa

El amor es paciente y bondadoso. El amor
no es celoso ni fanfarrón ni orgulloso.

1 CORINTIOS 13.4 NTV

A mi vecina Melanie definitivamente le encantan los
perros. Ella y su esposo tienen dos «pequeños niños»:
Rupert y Jackson. Ellos son las pelotas de pelo más
adorables que jamás hayas visto. Y déjame decirte que a
estos dos perritos los tratan como reyes. Con frecuencia
me encuentro con la pareja cuando sacan a pasear a los
«niños» en la noche y charlamos sobre nuestros amados
perritos. (Yo tengo tres perros salchichas enanos y
adorables.)

No hace mucho, Melanie me dijo que había decidido
adoptar a una perrita para participar de la diversión.
Había visto un anuncio en el periódico local de la
Sociedad Protectora de Animales, y esta pequeña perrita

caniche llamada Peaches le había robado el corazón a Mel. Continuó diciendo: «No puedo imaginar que tengan que sacrificar a esta perrita». Así que Mel adoptó a Peaches y la llevó al veterinario para que le pusieran todas las vacunas de rigor.

Resultó que Peaches padecía de un serio caso de tos canina, así que Mel tenía que dejarla en el veterinario por una semana o algo así. Sin embargo, todos los días Mel iba a la oficina del veterinario y jugaba con Peaches, la acariciaba y le hablaba con dulzura. Ella quería que Peaches supiera que sería amada en su nuevo hogar. El vínculo entre ambas era evidente.

El día en que se suponía que Mel se llevaría a Peaches a la casa, ella escuchó sin querer al veterinario conversar con una mujer que estaba buscando un perro para que acompañara a su padre anciano. Él vivía en una residencia de retiro y su amado *cocker spaniel* había muerto recientemente, dejándolo muy solo y deprimido.

Mientras Mel escuchaba la historia de la mujer, ella supo lo que tenía que hacer. A Peaches la necesitan en otro lugar, a pesar de que ya Mel adoraba a esta perrita como si la hubiera tenido por años. Mientras la feliz y agradecida mujer salía de la oficina del veterinario con Peaches debajo del brazo, Mel sollozaba. Pero no estaba llorando porque estuviera triste. Estaba derramando lágrimas de alegría porque sabía que aquel día Dios la había usado realmente.

Ella había sido la vasija caritativa que Él necesitaba para hacer realidad el sueño de un anciano. Encontrar hoy día un corazón caritativo es algo poco común y hermoso, pero siempre puedes identificar a las personas que tienen tales corazones. Parecen resplandecer con bondad. ¿Has hecho algún acto caritativo recientemente? ¿Estás dispuesta a ser ese vaso caritativo para Dios? En este mundo de todos contra todos, Dios necesita que resplandezcamos con bondad. Sé hoy una vasija caritativa. (MMA)

La confianza para seguir a Cristo sin cesar

*El domingo por la mañana temprano, mientras aún
estaba oscuro, María Magdalena llegó a la tumba
y vio que habían rodado la piedra de la entrada.*

JUAN 20.1 NTV

María no podía esperar. Su inquebrantable lealtad a
Cristo continuaba, a pesar de que Él había muerto en
la cruz. Ella se levantó antes del amanecer y fue a Su
tumba para ungir Su cuerpo con especias aromáticas (ver
Marcos 16.1), como una última obra que podía hacer
por su Señor. El descubrimiento de la tumba abierta la
llenó de asombro y pena porque asumió que los romanos
se habían llevado Su cuerpo. María corrió a contarles a
Pedro y al «otro discípulo, al que Jesús amaba», y ellos,
también, vieron que Su cuerpo no estaba, pero ellos
simplemente regresaron a sus hogares. María esperó.

A lo largo de todo el Nuevo Testamento, mientras la mayoría de aquellos que estaban alrededor de Jesús dudaban, lo negaban o huían, María y algunas de las otras mujeres permanecieron a Su lado. Ellas viajaron con los discípulos durante los buenos tiempos y contribuyeron económicamente al ministerio de Jesús (ver Lucas 8.1-3). La devoción de María comenzó en el momento en que Él la liberó de siete demonios, y ella nunca abandonó ni a Jesús ni su fe cuando la jornada tomó el giro de crucifixión. Ella no tuvo miedo de ser asociada con Jesús, lo siguió hasta el Gólgota y luego a la tumba. La recompensa por esta devoción llegó mientras lloraba junto al sepulcro.

María vio a un hombre y pensó que era el jardinero, así que le pidió información sobre Jesús. En cambio, escuchó la voz que ella pensaba que había desaparecido para siempre. «"Señor, si usted se lo ha llevado, dígame dónde lo puso, y yo iré a buscarlo". "¡María!", dijo Jesús. Ella giró hacia él y exclamó: "¡Raboní!"» (Juan 20.15-16 NTV).

María Magdalena fue la primera que vio a Jesús después de Su resurrección, la primera en saber que las profecías eran ciertas, la primera en descubrir que Cristo estaba vivo para siempre. Con gran regocijo, ella corrió para contarles a los demás la buena noticia. La lealtad de María nos recuerda que dedicar nuestras vidas al Señor no siempre es fácil. Nuestra alianza con Dios exige tanto determinación como amor.

Muchas veces, los creyentes pierden la intensidad que sintieron después de su conversión, o dedican tiempo a la oración solo cuando necesitan algo de Dios. Sin embargo, entregarnos a Él es lo menos que podemos hacer por Aquel que se entregó a sí mismo y totalmente por nosotras. (RR)

¡Esparce la alegría!

El amor es ... bondadoso.

1 Corintios 13.4 NVI

Todos los días nos encontramos con ladrones de alegría. Ya los reconoces: cajeras groseras, conductores enojados, compañeros de trabajo desconsiderados y hasta familiares cascarrabias. Tendrás la oportunidad (probablemente antes del desayuno) de enojarte, pero, en lugar de esto, puedes escoger la bondad. Hace poco, me topé con una de estas ladronas de alegría en el supermercado.

Esta cajera estaba enojada. No sé por qué, tal vez había discutido con su esposo antes del trabajo, o quizás su jefe le había asignado un horario de trabajo terrible para la siguiente semana. Cualquiera haya sido la causa, esta chica no estaba de buen humor. Mientras escaneaba mis artículos, estaba hablando entre dientes. Aunque no

me gustó interrumpirla, tenía algunos cupones para usar, así que los deslicé hacia ella. La cajera me lanzó una mirada furiosa y me dijo bruscamente: «Se supone que me entregue esos cupones al inicio de la transacción». ¿Te ha ocurrido alguna vez?

Ahora bien, lo que quería decirle era: «Me escuchas tú a mí, señorita, porque voy a reportar tu falta de educación a tu supervisor. No me tientes». Pero mi corazón no me dejó. En lugar de esto, le dije: «Ah, lo siento. No conocía esa regla. Si es muy complicado, puedo simplemente guardarlos y usarlos la próxima vez». Ni siquiera me respondió, así que proseguí. «Estoy segura que te agotan todas las personas como yo que no siguen las reglas, ¿cierto?».

Se asomó una sonrisa en su rostro. «Algunos días es un trabajo algo molestoso», me contestó en un tono mucho más amable.

«A la verdad que no te envidio», añadí, «solía trabajar en una tienda de ropa y sé lo difícil que puede ser el público. Algunos días simplemente quería gritar».

«Absolutamente cierto», comentó.

Antes de que terminara de escanear mi última lata de vegetales, ya éramos mejores amigas. Ella no solo me permitió usar mis cupones, sino que me dio unos adicionales que tenía en su estación. Charlamos un poco más mientras ella ponía mis artículos en las bolsas, y luego le dije que continuara haciendo su buen trabajo y que no dejara que los clientes molestosos la incomodaran. Me devolvió una enorme sonrisa y dijo: «Voy a intentarlo... y la próxima vez que venga de compras, búsqueme».

No permití que esta cajera me robara mi alegría. Decidí que era mejor darle un poco de la mía. Y tú puedes hacer lo mismo. La alegría es contagiosa. ¡Llévala contigo a todas partes y repártela dondequiera que vayas! (MMA)

Dios es la fuente de tu fortaleza

Podrán desfallecer mi cuerpo y mi espíritu, pero Dios
fortalece mi corazón; él es mi herencia eterna.

SALMO 73.26 NVI

Susanna Wesley es el ejemplo perfecto de cómo una
madre puede influenciar no solo a sus hijos sino también
al resto del mundo. Cualquiera que se sienta intimidada
por la «mujer virtuosa» de Proverbios 31 debería mirar a
Susanna, cuya vida puede hacer temblar las rodillas de
la mayoría de nosotras.

Nacida en 1669, Susanna era una de los veinticinco
hijos de Samuel Annesley, un ministro que llenó su
casa con un amplio surtido de personas, algunos eran
políticos famosos y del mundo académico. En este hogar
ruidoso —y atestado de gente— no faltaba el debate y
el desacuerdo, y la curiosa Susanna lo captada todo. Así

aprendió griego, hebreo, teología y literatura de su padre
y sus amistades.

En 1688, Susanna se casó con Samuel Wesley, un
joven ministro de la Iglesia de Inglaterra. El matrimonio
fue fructífero, pero no particularmente feliz. Durante los
primeros diecinueve años de matrimonio, Susanna tuvo
diecinueve hijos, aunque nueve murieron en la infancia.
Su casa se quemó dos veces, y John, su hijo de cinco
años casi muere en uno de los incendios. Su tristeza,
los múltiples embarazos y las pobres condiciones de
vida provocaron que estuviera enferma la mayor parte
del tiempo, pero Susanna no se rindió ni se detuvo por
mucho tiempo a pensar en sus dificultades.

Con el dinero escaso y su esposo fuera de la casa
frecuentemente, Susanna se empeñó con más ahínco en
darles a sus hijos el tipo de educación y vida de hogar
que ella tuvo mientras crecía. Y así comenzaron la
reuniones de los domingos en la noche. Además de las
lecciones tradicionales que les daba a sus hijos, estas
discusiones giraban alrededor de la lectura bíblica y los
sermones que habían escuchado esa mañana. Se suponía

que era solo para la familia, pero la noticia se regó, y en poco tiempo comenzó a presentarse un buen grupo de personas.

En una época cuando no se permitía a la mayoría de las mujeres hablar en la iglesia, mucho menos desde el púlpito, Susanna Wesley encontró la fortaleza y la confianza para hablarles a más de doscientas personas todas las semanas. Y no puede negarse el profundo impacto que tuvo su determinación en sus hijos.

Charles escribió más de mil ochocientos himnos, y su hijo John cambió el rostro del cristianismo. Aunque frecuentemente la salud de Susanna era frágil, su fortaleza y confianza venía de Aquel que nunca falla. (RR)

La felicidad es bella

El corazón alegre se refleja en el rostro ... para
el que es feliz siempre es día de fiesta.

PROVERBIOS 15.13, 15 NVI

Mi mamá siempre ha sido una persona alegre. No
importaba si estaba lloviendo afuera. No importaba si
nuestro aire acondicionado se dañaba a mediados de
julio. No importaba si alguna de sus amigas hablaba
mal de ella. Mamá siempre decidía por la alegría.
Mientras crecía, la alegría de mamá me molestaba. Ella
empezaba cada día algo como esto. Irrumpía en mi
cuarto, encendía la luz, y comenzaba su interpretación
a todo pulmón de «Este es el día que hizo el Señor». Lo
cantaba a todo volumen y también aplaudía al ritmo de la
melodía. ¿Qué manera de comenzar tu día, no crees? No
había manera de dormir en nuestra casa porque si no te

levantabas, ¡entonces simplemente comenzaba a cantar otra estrofa!

Luego de la muerte de mi papá el año pasado, ya no escuchaba cantar a mi mamá. Estaba preocupada por ella. Le pedí a Dios en oración: «Por favor, devuélvele la canción a la vida de mi mamá». Luego de un tiempo de luto, poco a poco, vi regresar la felicidad a mamá. Ella comenzó a tararear, y ahora ya está cantando otra vez a todo pulmón. Estoy esperando que ya pronto comience a aplaudir también, pero estoy segura que ya pronto ocurrirá. ¿Por qué? Porque mi mamá no fundamenta su alegría en sus circunstancias. Seguro que se siente sola sin papá, pero ella escoge ser feliz por Jesús. Ella escoge enfocarse en la belleza de la vida, no en la tragedia.

¿Cómo está hoy tu nivel de alegría? Si ha pasado algo de tiempo desde la última que cantaste a todo pulmón, ¡debes intentarlo! Canta alabanzas al Señor hasta que la canción te haga feliz. Tal vez dices: «Michelle, no sabes por lo que estoy pasando ahora mismo. No hay forma de que sea feliz». Quizás estás en lo cierto. Pero, por medio de Jesús sí *puedes* ser feliz. Job

8.21 dice: «[Dios] Pondrá de nuevo risas en tu boca, y gritos de alegría en tus labios» (NVI). ¡Esa es una promesa con la que puedes contar! Él lo hará... pero tienes que desearlo.

Tienes que escoger la alegría. El escritor de comedias, Robert Orben dijo en una ocasión: «La felicidad es contagiosa. ¡Sé un portador!». Y ese es un excelente consejo. Si escoges ser feliz, descubrirás que más personas querrán estar a tu alrededor. Ser feliz simplemente te hace más atractiva. Tu felicidad será contagiosa. La felicidad se convertirá en un hábito de por vida, como lo ha sido para mi mamá. Es posible que hasta te sorprendas tarareando feliz todo el día. Advertencia: ¡Pronto comenzarán los aplausos! Atrévete... ¡escoge hoy la felicidad! ¡La vida es hermosa! (MMA)

La confianza para dirigir

Comenzó a hablar [Apolos] valientemente en la sinagoga.
Al oírlo Priscila y Aquila, lo tomaron a su cargo y le
explicaron con mayor precisión el camino de Dios.

Hechos 18.26 nvi

Es posible que Priscila y su esposo Aquila hayan
sido el primer equipo ministerial de esposo y esposa.
Ciertamente ellos sentaron un estándar para el
liderazgo, y la colaboración de Priscila al mismo
nivel de Aquila es un recordatorio de que Dios da a
las mujeres dones ministeriales que deben usar para
alcanzar a otros para Cristo.

Priscila y Aquila salieron de Roma cuando el
emperador Claudio expulsó a todos los judíos. Ellos
llegaron a Corinto y allí establecieron una empresa de
hacer carpas, trabajando juntos. Cuando Pablo llegó a

Corinto en 50 d.C., se quedó con ellos, y trabajó con ellos puesto que él también hacía carpas como profesión.

Esto les dio una oportunidad extraordinaria de escuchar el mensaje del Evangelio, cuestionar a Pablo y absorber los pormenores de las enseñanzas de Jesús. Durante los siguientes dieciocho meses, los tres trabajaron para levantar la iglesia en Corinto, y cuando Pablo se fue, Priscila y Aquila se fueron con él hasta Éfeso. Y ambos tuvieron una gran influencia en Éfeso, y permanecieron allí luego de la partida de Pablo para enseñar y cimentar las bases para los creyentes allí. Ellos dirigían una iglesia en su casa (ver 1 Corintios 16.19), y en uno de los ejemplos más profundos de su trabajo, observaron al dinámico orador Apolos, y reconocieron sus dones, pero también los errores en su mensaje.

Sin embargo, en vez de confrontarlo, lo llamaron aparte y en privado, y le ofrecieron corrección y aliento (ver Hechos 18.26). Su meta era fortalecer el cuerpo de Cristo, no humillar a alguien que estaba cometiendo un error. También siguieron siendo amigos incondicionales de Pablo, quien continuó saludándoles en sus cartas aún después que regresaron a Roma (ver 2 Timoteo 4.19).

Algunos eruditos han señalado el hecho que se menciona a Priscila primero y con la misma frecuencia que a Aquila, como evidencia de que Pablo los ve como compañeros, y con igual fortaleza. Larry Richards, en su detallado libro *Every Woman in the Bible* [Cada mujer en la Biblia], reflexiona sobre la creación de la mujer en Génesis y sugiere: «En Priscila y Aquila vemos la transformación del matrimonio y la restauración de la intención original de Dios de que las parejas casadas deben ser compañeros en todo lo que hagan en sus vidas».

Sin duda, Priscila y Aquila ayudaron a transformar la iglesia primitiva, a pesar del exilio, las amenazas de muerte (ver Romanos 16.4) o la necesidad de ganarse la vida. Las mujeres todavía pueden mirar a Priscila como un ejemplo de que deben tener la confianza para ministrar a otros cuando se presenta la necesidad. (RR)

¿Cuál era su secreto?

¡Quién sabe si no has llegado al trono
precisamente para un momento como éste!

ESTER 4.14 NVI

Leer la historia de Jadasá es fascinante, pero vivir esa historia probablemente representó para la joven que se convirtió en la reina Ester y esposa del rey Jerjes, más de un dolor de cabeza por estrés y un estómago descompuesto. Jadasá, una joven hebrea conocida como Ester, había sido escogida para reemplazar a la reina Vasti. Vasti se había negado a la solicitud de su esposo de exhibir su belleza ante los amigos y asociados de él. Se llevó a cabo una búsqueda para encontrar una sustituta aceptable para Vasti, y Ester fue llevada al palacio como la «ganadora».

Ester se transforma de una simple joven hebrea a la reina de Persia y Media. Va de la pobreza a la riqueza,

de no usar cosméticos a un año de tratamientos de belleza intensivos. (Echa un vistazo a Ester 2.12-14.) No es la historia de Cenicienta, pero a Ester no le faltaba nada —excepto, quizás, una larga vida.

Un consejero del rey persuade a Jerjes para que mate a todos los hebreos en el imperio. Cuando Ester se entera del decreto, de los labios del tío que la crió, él le dice una palabras escalofriantes: «No te imagines que por estar en la casa del rey serás la única que escape con vida de entre todos los judíos» (Ester 4.13). Si a Ester le quedaba algún tipo de calma luego de haber sido removida de su casa y de haberla relegado a un puesto en el harén lejos de su inicialmente cariñoso esposo (aparentemente ahora indiferente), esto sin duda terminó con esa calma.

No obstante, Ester se presenta en el relato como una mujer que está confiadamente —y posiblemente con cierta serenidad— manejando su desastre inminente con gracia pausada y con la artimaña femenina mejor de todas: sometiéndose voluntariamente a su hombre (ver Ester 5.1-8). Ester debe haber sido un manojo de

nervios cuando se acercó al rey sin que este la hubiera convocado. Sin embargo, es muy poco probable que Jerjes hubiera recibido en su presencia a una esposa quejumbrosa.

Él sabía y ella sabía que acercarse al rey sin haber sido convocada representaba la muerte de ella —a menos que él le extendiera su cetro. Pero aun cuando Jerjes lo hace, Ester ejecuta cada paso del plan con mucho cuidado para prevenir el genocidio prometido. La reina Ester logra liberar a su pueblo de la destrucción segura. Una vez más retoma el favor de su esposo, el rey. La historia de cómo lo hace se registra en los capítulos del cinco al nueve.

Pero el secreto de su aplomo, la actividad que precedió sus acciones, puede que te sorprenda. No es tanto lo que hace o lo que no hace. Su secreto se encuentra en Ester 4.15-16. Y es un secreto que bien merece la pena investigar. (KAD)

Maneja hacia tu felicidad

*Jesús le respondió: «Escrito está: "No sólo
de pan vive el hombre, sino de toda palabra
que sale de la boca de Dios"».*

MATEO 4.4 NVI

El ritmo de vida actual es terriblemente rápido, ¿no te
parece? Vamos de un lugar al otro, y al otro, y al otro...
todo el tiempo. Manejamos ida y vuelta al trabajo;
ida y vuelta al colegio; ida y vuelta al gimnasio; ida y
vuelta a la práctica de fútbol, de gimnasia, de baile y
de _____ (llena el blanco); ida y vuelta a la cita con
el dentista y el doctor; ida y vuelta al supermercado;
a la lavandería y otras citas de trabajo; ida y vuelta a
los juegos y eventos de los muchachos, y la lista sigue,
sigue y sigue. A veces siento que paso más tiempo en
mi camioneta que el que paso en la casa. En realidad,

si sumara los minutos, probablemente paso más tiempo detrás del volante que en la casa.

Desde mi casa en Fort Worth, todo me queda más o menos a veinticinco minutos de distancia, así que estoy obligada a manejar una gran parte del día. Solía quedar atrapada en congestiones de tráfico y estresarme por cada cosa en mi vida. Manejaba como una desquiciada, tratando de llegar a tiempo a la siguiente cita y, ocasionalmente, hasta casi rayaba en violencia vehicular. Descubría que todo aquel tiempo en la carretera me estaba volviendo loca, literalmente, así que decidí usar mejor mi tiempo.

Y ante el horror de mis hijas preadolescentes, comencé a apagar el radio del auto y a conectarme con Dios. A veces escuchaba música de alabanza y adoración. En otras ocasiones, escuchaba lecciones de mis predicadoras favoritas. A veces escuchaba la Biblia en CD. Y otros días usaba esos minutos para estar en comunión con el Maestro. Oraba en voz alta por todas las peticiones en mi lista de oración y pasaba tiempo adorando al Señor por todas las bendiciones en mi vida.

Ahora, cuando llego a mi destino, ya no soy un manojo de estrés. Sino que mi tanque está lleno con el amor de Dios, nuevas perspectivas de Su Palabra y una sensación de felicidad renovada. Bromeo diciendo que tengo la camioneta más santificada en todo Tejas. ¿Qué tan santificado está tu auto? A lo que alguna gente llama «hacer más de una cosa a la vez», yo simplemente lo llamo «mantener mi cordura en medio de una vida loca y estresada». No le temas más a tu tiempo manejando de un lado para otro. ¡Úsalo para acercarte más a Dios! ¡Feliz trayecto! (MMA)

Aguas profundas

Lleva la barca hacia aguas más profundas,
y echen allí las redes para pescar.

LUCAS 5.4 NVI

Cheri disfruta su trabajo con el ministerio de la niñez,
aunque la experiencia le ha enseñado que trabajar con
niños no es para cobardes ni debiluchas. Mantener
el paso con el equivalente humano a una máquina en
movimiento perpetuo exige muchísimo de las maestras y
los líderes. Aparte de la energía física y el pensamiento
creativo que se requieren, el componente espiritual del
ministerio de la niñez dicta que el adulto tenga una
mayor madurez espiritual.

Cheri compara la falta de preparación ministerial
con la navegación en balsa por un río turbulento. Si
estamos en aguas poco profundas, abundan los peligros.
Las rocas, los remolinos y los rápidos pueden provocar

que pierdas el control de tu balsa. Chocar contra una roca puede lanzarte —con todo y casco protector— fuera de la balsa antes de que tengas tiempo a tomar una bocanada de aire. Y esa es una buena descripción de una vida espiritual poco profunda. A veces estamos mal preparadas para las aguas más turbulentas de la vida. Solo cuando profundizamos nuestra conexión con Cristo podemos estar «en forma» para los retos en nuestras vidas, sea que estemos o no involucradas en el ministerio con los niños.

Cheri alienta a sus compañeras en el servicio a profundizar su relación con el Señor Jesús para así poder enfrentar las rigurosas necesidades del ministerio —y de la vida misma. Simón y sus compañeros habían tenido una noche de pesca improductiva. Cuando el Señor Jesús le dijo que fueran a aguas profundas y tiraran sus redes, el pescador estaba escéptico. Casi puedes verlo hacer una mueca y leer su mente. (*Cuento viejo, Jesús. Ya lo hice.*)

Pero Simón obedeció y descubrió que lanzarse a la profundidad con Jesucristo marca toda la diferencia.

(Todo el relato está en Lucas 5.4-11.) Simón aprendió la lección que Cheri aprendió y que enseña: ir a lo profundo con Jesucristo nos prepara y equipa para mucho más de lo que jamás hemos soñado. «El Espíritu lo examina todo, hasta las profundidades de Dios» (1 Corintios 2.10). La superficialidad de orar a la carrera o de leer la Biblia a toda prisa no nos llevará a un lugar de madurez ni de serenidad espiritual. ¿Estás lista? Comencemos a remar nuestras balsas a las aguas tranquilas del profundo amor de Dios. (KAD)

Confianza en Su amor perdonador

*La mujer dejó su cántaro, volvió al pueblo y le decía
a la gente: «Vengan a ver a un hombre que me ha
dicho todo lo que he hecho. ¿No será éste el Cristo?»
Salieron del pueblo y fueron a ver a Jesús.*

JUAN 4.28–30 NVI

Esta mujer de Samaria debe haberse estremecido hasta la
médula cuando Jesús le habló. Ella expresó su sorpresa
al preguntarle cómo se le había ocurrido hablarle (v. 9).
Después de todo, ella era una mujer, una samaritana y
marginada, lo que le daba a rabino judío llamado Jesús
tres razones perfectas para darle la espalda. Ella estaba
acostumbrada a ser rechazada.

Los samaritanos, a pesar de su separación de los
judíos, eran personas morales que adoraban a Dios (v.
20) y obedecían la ley del Antiguo Testamento. Ella
había violado la ley debido a su estilo de vida inmoral,

y el hecho de que había ido a sacar agua del pozo al mediodía indicaba claramente que quería evitar a otras personas.

Por lo general, las mujeres iban al pozo a sacar agua para sus casas temprano en la mañana, o después de la caída del sol, y estos eran momentos para compartir y conversar con sus amigas. Es posible que las otras mujeres de la ciudad evitaran asociarse con ella y hasta la ridiculizaban. Sin embargo, este hombre no lo hizo. Él le pidió agua y le preguntó sobre su vida. Él le habló de Su agua que da vida y de una vida sin sed espiritual. Jesús le habló sin rodeos sobre sus esposos anteriores y de que el hombre con el que ahora vivía no era su esposo.

Es probable que haya sido una mujer inmoral, ¡pero vaya que era lista! Ella conocía las Escrituras y reconoció a Jesús como un profeta. Cuando le habló sobre el Mesías que venía, Él reconoció que era Él (v. 26). ¿No te sentirías emocionada? ¡Ciertamente ella lo estaba!

Esta samaritana corrió inmediatamente de vuelta a la ciudad para correr la voz. No pensó en que pudieran ridiculizarla o ignorarla, ¡ella hasta se olvidó de su cántaro! Le contó a toda la ciudad las buenas nuevas del Mesías.

Cuando Cristo llega a nuestras vidas, no importan los pecados pasados que pueden habernos empañado, estos son perdonados. Completamente borrados. Igual que con la samaritana, a Él no le importa dónde hemos estado —solo hacia dónde vamos ahora que Él es parte de nuestras vidas. Podemos empezar de cero, en plena confianza de seguir adelante y hacer frente a lo que sea que nos ha estado deteniendo. (RR)

Acércate a la Luz

Ésta es la causa de la condenación: que la luz vino
al mundo, pero la humanidad prefirió las tinieblas
a la luz, porque sus hechos eran perversos.

Juan 3.19 nvi

¿Alguna vez has estado en una situación en la que tienes
que maquillarte en un cuarto a media luz? Algunas veces
cuando viajo, la iluminación en la habitación del hotel no
es la mejor. Me aplico el maquillaje lo mejor que puedo,
pero cuando entro al auto y me miro a la luz del sol, me
horrorizo. Muchas veces, me he puesto demasiado color
en las mejillas o en los ojos, pero como el cuarto de hotel
estaba oscuro, no tenía la menor idea de que lucía como
el payaso Bozo vestido de mujer. Pensaba que me veía
muy bien, pero la luz natural me decía otra cosa.

La luz es muy poderosa. Revela muchísimo
sobre nosotras. Y esto también es cierto en asuntos

espirituales. La Biblia dice que Jesús es la Luz del mundo. Cuando lo miramos a Él y a Su Palabra, también se revela mucho de nosotras mismas. Por medio de Su Palabra puede que encuentres áreas de oscuridad en tu vida de las que no eras consciente. El Señor puede irradiar Su luz sobre un rencor que se ha estado escondiendo en una esquina oscura de tu corazón. O el Señor puede hacer resplandecer Su luz sobre esa falta de perdón que has estado albergando por años.

Si llevas algo de tiempo viviendo en la oscuridad, ¡el mirar a la Luz de la Palabra de Dios puede asustarte! Verás todas tus imperfecciones. (Puedes descubrir que también te pareces al payaso Bozo vestido de mujer.) Pero no huyas de Jesús y de la Biblia cuando veas tus defectos e imperfecciones. Por el contrario, acepta la verdad y pídele al Señor que elimine esos defectos que ha expuesto.

Dios quiere que vivas libre de ese enredo. Por eso es que Él ha iluminado la situación para ti. Descubrir que hay áreas en las que necesitas trabajar es el primer paso para la recuperación, ¿no crees? Permite que Jesús

y Su luz te llenen, para que luego puedas resplandecer. Continúa estudiando Su Palabra y permite que Su luz revele las áreas en las que necesitas crecer. Y mientras lo haces, descubrirás que serás transformada de Bozo a Bella. ¡Y vaya que esa es una transformación total! ¡Acepta el reto! (MMA)

El valor para influenciar

*Una de las que nos escuchaba se llamaba Lidia, una
mujer que honraba a Dios. Era de la ciudad de Tiatira
y vendía telas muy finas de color púrpura. El Señor hizo
que Lidia pusiera mucha atención a Pablo, y cuando
ella y toda su familia fueron bautizados, nos rogó: «Si
ustedes consideran que soy fiel seguidora del Señor,
vengan a quedarse en mi casa.» Y nos convenció.*

HECHOS 16.14–15 TLA

Lidia fue una mujer magnífica. Exitosa, inteligente,
perspicaz y persuasiva, ella es el primer ejemplo de cómo
las empresarias cristianas han influenciado en su entorno
desde los inicios de la iglesia primitiva. Originalmente
de Tiatira, una ciudad en la provincia occidental de
Asia Menor, Lidia se había mudado a Filipos, donde
se ganaba la vida vendiendo telas muy finas de color
púrpura, un material muy fino elaborado de las conchas

de un molusco. Esta tela era muy rara, costosa y, por lo general, la compraban las personas de clase alta. Como no se mencionan hijos ni esposo, y se dice que la casa donde vivía era de ella, los expertos piensan que era soltera o que había enviudado muy joven.

Cuando Pablo conoció a Lidia, ya ella adoraba a Dios —a pesar de que era gentil— y se reunía en el río para adorarle con otras mujeres del mismo parecer. Cuando ella escuchó a Pablo predicar sobre Jesús y Su obra redentora, el Señor hizo «que pusiera mucha atención» y así llegó a ser la primera convertida europea de Pablo y, por lo tanto, la primera empresaria cristiana.

De inmediato, Lidia quiso que toda su familia fuera bautizada e insistió públicamente en que Pablo, Silas y sus compañeros de viaje se quedaran en su casa mientras estaban en Filipos. Con la misma energía y determinación que Lidia tenía en su negocio, así mismo acogió su fe y abrió su hogar como lugar de reunión para otros creyentes (ver Hechos 16.40).

Aparentemente muy orgullosa de su fe, Lidia estuvo dispuesta a hacer lo que estaba a su alcance;

esto es, ofrecer un hogar y un lugar de crecimiento en Filipos. Aunque la Biblia solo menciona a Lidia en dos ocasiones, su entusiasmo por el Señor es contagioso, y con Lidia como modelo a seguir, no debemos dudar en influenciar a otros hacia Cristo, y no tenemos que ser empresarias adineradas para hacerlo. No importa cuál sea nuestro papel en la vida, la confianza para compartir la fe viene del poder en el mensaje de Jesucristo. (KAD)

Espejo, espejo

Soy una creación maravillosa, y por eso te doy
gracias. Todo lo que haces es maravilloso.

Salmo 139.14 tla

¿Cómo te ves a ti misma? ¿Tienes una percepción
negativa? Cuando te miras en el espejo, ¿ves a la hija
del Supremo Rey, o te enfocas en tus defectos? Si eres
como la mayoría de las personas, probablemente ves las
imperfecciones. Las mujeres, especialmente, luchamos
con la autoestima. Pasa algo de tiempo alrededor de un
grupo de mujeres y pronto escucharás una conversación
como esta: «Cuando era joven, me veía muy bien», dirá
alguien. «Pero ahora todo ha cambiado, y no en la mejor
manera». «Te entiendo perfectamente», dirá otra. «Perdí
quince libras el año pasado y gané veinte en este. Le
digo a todo el mundo que soy como el gato Garfield:
mullida pero no gorda». Todas se reirán y bromearán,

pero muchas de esas mujeres sufren en su interior. Se sienten tan mal con ellas mismas que no pueden disfrutar de la vida.

¿Eres una de esas personas que sufre? Si es así, permíteme darte ánimo hoy. Estoy justo a tu lado. Ciertamente no soy perfecta, ni por dentro ni por fuera. Cada año que pasa se me hace más difícil lucir bien en la ropa de moda, y el «granero» necesita un poco más de pintura antes de salir de casa. Si me lo permito, podría mortificarme con cada uno de mis defectos, pero decido no hacerlo. Y tú no deberías hacerlo tampoco. En lugar de eso, pídele a Dios que te ayude a verte como Él te ve. Dios piensa que eres maravillosa. A Él no le importa que tus caderas no sean tan estrechas como las de una modelo ni que tu cabello sea algo encrespado. Él piensa que eres maravillosa, y Él quiere que pienses así también.

¿Recuerdas el refrán «Dios no hace porquerías»? Pues bien, es tan cierto hoy como cuando lo aprendiste en la Escuela Bíblica de Vacaciones. No tienes precio. Eres mucho más preciosa que los rubíes. Te *ves* muy bien a los ojos de Dios. Después de todo, ¡Él te creó! Permite que Dios resplandezca en ti y olvídate de esos vaqueros talla 6 en los que ya no cabes. Claro que es bueno invertir tiempo en tu apariencia física, pero no permitas que eso te consuma. Permite que el amor de Dios tome control de ti y luego espárcelo en todo el que te rodee..

Levántate cada mañana, mírate en el espejo y afirma: «Tal vez no soy perfecta, pero me aman perfectamente». Comenzar cada día con esa confesión te encaminará por la ruta de la felicidad, aunque tu cabello no esté teniendo el mejor de sus días. Simplemente busca un sombrero lindo y saluda al mundo con amor y alegría en tu corazón. (MMA)

Distinción

Los que temían al Señor hablaron entre sí,
y él los escuchó y les prestó atención.

MALAQUÍAS 3.16 NVI

Todas tenemos un grupo pequeño de amigas con las que
acostumbrábamos reunirnos regularmente para estudiar
la Biblia. Alternábamos las casas de reunión y crecimos
en amor mutuo, así como en un amor más profundo por
Dios y Su Palabra en nuestro tiempo juntas. Sin embargo,
los años han traído cambios y las cosas ya no son como
eran. El nacimiento de los hijos, las mudanzas, las
afiliaciones de iglesia y hasta la muerte han hecho lo
propio para fracturar el grupo que antes era muy unido.

Pero de vez en cuando —tal vez cada dos años en
Navidad o en una inusual tarde de verano— alguien
toma la iniciativa y reúne a los miembros de su antiguo
grupo. ¿Y sabes qué ocurre? Continuamos donde mismo

lo dejamos. No hay momentos incómodos. No existe eso
de «tantear el terreno» ni «andar con cuidado» hasta
sentirnos cómodas las unas con las otras. Simplemente
comenzamos a disfrutar otra vez de la compañía mutua.
Nos reímos, conversamos, hacemos bromas y, sobre todo,
compartimos nuestro vínculo común como cristianas.

Hablamos en igual medida sobre Jesús, sobre lo
que estamos estudiando en la Biblia, sobre eventos
deportivos, bodas y momentos difíciles. Nuestra
conexión es profunda; es espiritual. Nos sentimos a
gusto en compañía mutua gracias a Aquel que está en
medio nuestro. En el versículo arriba, Dios dice que
cuando se reúne la gente que le temen, Él les presta
atención y se agrada. ¿No te parece maravilloso que
Dios quiera bendecirnos en el sencillo acto de reunirnos
con gente que tiene «una fe igualmente preciosa que la
nuestra» (2 Pedro 1.1 RVR1960) cuando nos deleitamos
juntas en Él?

Jesús dijo: «Porque donde dos o tres se reúnen en
mi nombre, allí estoy yo en medio de ellos» (Mateo 18.20
NVI). Cuando se centra en Jesucristo, nuestras reuniones

para compartir sobre las bondades de Dios traen más que una sensación de paz. Traen una promesa. Dios dice: «Y ustedes volverán a distinguir entre los buenos y los malos, entre los que sirven a Dios y los que no le sirven» (Malaquías 3.18 NVI). El servicio a Dios trae serenidad y distinción. No porque haya en nosotras alguna bondad innata, sino debido a Su bondad —y Su aprobación paternal hacia quienes encuentran su centro en Él. (KAD)

¡Limpia tu clóset!

*Esto significa que todo el que pertenece a Cristo se ha
convertido en una persona nueva. La vida antigua
ha pasado, ¡una nueva vida ha comenzado!*

2 Corintios 5.17 ntv

¡De acuerdo! ¡Lo reconozco! Mi clóset está patas arriba.
Tengo demasiada ropa y poco espacio en mi clóset. Y
para decir la verdad, hay muchísimas piezas de ropa
allí que jamás volveré a usar. Muchas mujeres tienen
este mismo dilema. Pero no mi amiga Ally. Siempre que
compra algo nuevo, ella regala algo de su clóset. (Y a mí
me encanta su sistema porque he sido la recipiente de
mucha de su ropa heredada. Desde bolsos Chanel hasta
ropa de hacer ejercicios marca Nike, Ally regala cosas
buenísimas.) Y así evita que su clóset se convierta en
una zona de desastres.

Tengo otra amiga llamada Dana a quien le deberían cambiar el nombre por «Organizadora de Clóset Extraordinaria». Ella organiza sus clósets por estación, color y ocasión. ¡Es realmente asombroso! Su regla es esta: si no te has puesto algo en un año, lo regalas. Igual que Ally, Dana saca algo viejo para tener espacio para lo nuevo. Esto evita que se abarrote su clóset clasificado por colores.

Ese principio funciona de la misma manera en nuestras vidas espirituales. Dios es un Dios de orden. Antes de poder «ponernos» cosas nuevas, tenemos que deshacernos de las cosas viejas, anticuadas y pecaminosas. Si nuestras vidas espirituales están atestadas de cosas como la mentira, la falta de perdón, conversaciones malsanas, amargura, ira o cualquier otra cosa que no esté de acuerdo con los atributos de Dios, tenemos que deshacernos de ellas para poder hacer espacio para más de Dios.

Tu clóset tal vez no esté abarrotado con cosas malas. De hecho, podría estar totalmente atestado de cosas buenas, pero si esas cosas no son las que Dios tiene

para ti en este momento, entonces es un estorbo. Son tan anticuadas como ese par de vaqueros de pata ancha al fondo de tu clóset. Por ejemplo, es posible que tu participación en la Escuela Bíblica de Vacaciones en tu iglesia por los pasados cinco años haya sido algo bueno. Pero si solo era por una temporada y Dios quiere que ahora delegues esa tarea a otra persona porque Él quiere que hagas algo nuevo, ¡entonces eso es un estorbo!

¿Hace cuánto no limpias tu clóset espiritual? ¿Te has estado aferrando a algunas cosas por demasiado tiempo? Si es así, ¡deshazte de ellas! Pídele a Dios que te ayude a limpiar tu clóset. Él es el Maestro de la organización, y ¡no puede esperar para verte lucir todas las nuevas cosas que tiene para ti! (MMA)

De manera independiente

Sin embargo, solo no estoy, porque el Padre está conmigo.

JUAN 16.32 NVI

¿Qué tiene en común una mujer que se especializa en telas de lujo con otra mujer que es una experta en el manejo del tiempo? ¿Qué parecido hay entre una madre de doce hijos y una misionera soltera que viaja y enseña alrededor del mundo? A simple vista, Lidia, Lillian y Judy podrían parecer muy distintas la una de la otra.

Lidia vivió en el siglo primero en el Medio Oriente. Como mujer empresaria que viajaba largos tramos para vender sus telas exquisitas, ella llegó a ser una de las primeras convertidas al cristianismo. Acostumbrada a «tomar el toro por los cuernos», Lidia le dio hospedaje al apóstol Pablo y a sus compañeros de viaje cuando eran predicadores y cuando recién fueron liberados de la cárcel. (Lee su historia en Hechos 16.)

Lillian Gilbreth, la madre de una docena de hijos, llegó a ser una de las primeras mujeres expertas en el manejo apropiado del tiempo a nivel mundial. En la década de los veinte y más allá, ella viajó por todo Estados Unidos y el extranjero, presentando el trabajo de su esposo (y el propio) sobre cómo administrar inteligentemente una empresa.

Judy, sin ningún apoyo de su familia, se graduó de la universidad y se convirtió en misionera en Indonesia. Por décadas, enseñó a niños. Cuando Judy se retiró, ella continuó enseñando a otros adultos sobre cómo enseñar a más niños, a pesar de que ella nunca tuvo hijos propios.

Cada una de estas mujeres parece totalmente distinta a las otras dos. Sin embargo, comparten un rasgo común. En sus sociedades orientadas al matrimonio —y a la familia—, cada una se abrió paso sola. No existe registro bíblico que diga que Lidia era casada. Lillian perdió a su esposo a temprana edad a raíz de un ataque cardiaco. Todavía hoy Judy es soltera. Tener que hacerlo «de manera independiente» no desvió a estas mujeres de hacer aquello para lo que Dios las diseñó. Lillian y Judy

encontraron felicidad al hacer aquello que mejor hacían. Y ese también parece haber sido el caso de Lidia. Ella no era de las que aceptaba un «no» como respuesta cuando estaba en posición de ayudar a alguien (Hechos 16.15). Ser una «mujer sola» no detuvo a ninguna de ellas.

Jesús sabía que Él enfrentaría solo el mayor reto de su vida. Él sabía que todo el mundo lo abandonaría. Como el Señor o cualquiera de las mujeres descritas arriba, nosotras también podemos sentir la paz de saber que, a fin de cuentas, nunca estamos realmente solas. La Biblia dice: «Aunque mi padre y mi madre me abandonen, el Señor me mantendrá cerca» (Salmo 27.10 NTV). (KAD).

Es tiempo de un ajuste de actitud

El Señor, quien es el Espíritu, nos hace más
y más parecidos a él a medida que somos
transformados a su gloriosa imagen.

2 CORINTIOS 3.18 NTV

¿Has vistado alguna vez a un quiropráctico? Hoy
día mucha gente visitan los quiroprácticos buscando
una alivio para el dolor y hasta para cuidados
médicos preventivos. Yo solía ser escéptica hasta que
finalmente visité a uno. ¡Guau! No tenía idea de cuánta
diferencia un pequeño ajuste podía tener en mi vida.
Con solo uno o dos pequeños ajustes —un crujido por
allí y un chasquido por allá— mi quiropráctico logró
alinear mis caderas. Inmediatamente me sentí mejor.
Luego de varios tratamientos, los rayos X de antes y
después, probaron lo que ya sabía. Estaba mejor...
mucho mejor.

Lo mismo ocurre con Dios. Él puede hacer uno o dos pequeños ajustes a tu vida, y tendrás una actitud mucho mejor. Con un ajuste aquí (eliminar los celos) y un tironcito allá (controlar el coraje), Dios puede remodelar completamente tu corazón. Él arreglará cosas que ni siquiera sabías que necesitaban arreglo. Y antes de darte cuenta, tu alegría regresará. Te sentirás mejor que lo que te has sentido en años.

Claro está, una vez estés «alineada», necesitarás visitar a Dios para los tratamientos de mantenimiento, tal como yo tuve que regresar periódicamente al quiropráctico para mantenerme alineada. Dios trabajará constantemente en tu corazón para mantenerlo en línea con Su Palabra y Su plan para tu vida. Así es como mantenemos una buena salud espiritual.

¿Cómo está hoy tu corazón? ¿Estás «fuera de servicio» y en necesidad de un ajuste? Si es así, vuélvete al Gran Médico. Si estás luchando contra la preocupación, el coraje, la falta de perdón o cualquier otra cosa que no esté bien, pídele a Dios que «te ajuste». ¡Y Él lo hará! Él desea verte caminando en perfecta salud espiritual. ¡Dale! ¡Hoy es el día para un ajuste de actitud! (MMA)

¡Hola, Dolly!

Gran remedio es el corazón alegre.

PROVERBIOS 17.22 NVI

«No me ofenden los chistes sobre rubias tontas porque no soy tonta. Y también sé que no soy rubia». Así comenta sarcásticamente Dolly Parton, la estrella de música country. Desde niña, Dolly sabe que ha sido bendecida en maneras que no tienen nada que ver con el dinero. Por admisión propia, la risa trae tanta alegría a su vida como la música que tanto ama componer y cantar. Leer en una entrevista sobre Dolly o escucharla hablar le dice a sus oyentes que esta es una chica de campo a la que le gusta pasarla bien.

Allá por la década de los setenta, Hunter Adams descubrió un enfoque novedoso en la práctica de la medicina: la risa. Muchísimos estudios han validado el método del doctor Adams. La risa reduce las hormonas

que causan estrés y aumentan la presión sanguínea.
También aumenta la capacidad del cuerpo para combatir
enfermedades y estimula los analgésicos naturales
del cuerpo. Sin embargo, miles de años antes de que
Hunter «Patch» Adams y su Instituto Gesundheit!
fueran validados por la literatura médica, las tendencias
sanadoras de la risa fueron registradas en el libro bíblico
de la sabiduría.

Ciertamente podemos amortiguar muchos de
los momentos duros de la vida con un poco de risa o
alegría. Varios proverbios confirman la transformación
que viene a raíz de una actitud serena y placentera.
Y este tipo de actitud sale a relucir de adentro hacia
fuera. «El corazón alegre se refleja en el rostro»
(Proverbios 15.13 NVI). «Para el que es feliz siempre es
día de fiesta» (Proverbios 15.15 NVI). «¡El corazón que
procura la paz rebosa de alegría!», nos dice Salomón.
Y la «palabra de aliento la anima» (Proverbios 12.20,
25 NTV). La paz interior puede ser contagiosa cuando le
permitimos a Dios que obre en nosotras un sentido de
contentamiento.

De todas las películas que han sido producidas sobre el tiempo en el que el Señor Jesús caminó entre nosotras como hombre, la serie «La Biblia Visual» ofrece el retrato de Cristo más refrescante. ¿Por qué? Porque presenta a un Jesús que se une en risa al ser humano, ¡y hasta una carcajada alborotosa! Jesús amaba a los niños, asistió a fiestas y compartió con un círculo de amigos que se distinguía por sus cuentos y risas: los pescadores. ¿Acaso existe una razón por la que pienses que Él nunca disfrutó momentos de comicidad desenfrenada?

Una estrella de la música country, un doctor que usa la risa en su arsenal médico y un rey que sabía que aun los reyes necesitan relajarse y disfrutar ocasionalmente de una buena carcajada, todos ofrecieron el mismo consejo. Viene por experiencia. Encuentra algo de lo que puedas reírte (por lo menos sonreírte). Y deja que la alegría surta su efecto. Permite que una sonrisa traiga hoy algo de serenidad a tu vida y luego, derrámala en otras personas. (KAD)

La confianza para servir

*En el puerto de Jope vivía una seguidora de Jesús
llamada Tabitá. Su nombre griego era Dorcas,
que significa «Gacela». Tabitá siempre servía a
los demás y ayudaba mucho a los pobres.*

HECHOS 9.36 TLA

Desde el momento en que Jesús comenzó su ministerio
viajando con Sus discípulos, la Biblia está repleta de
personas que se acercaron a ellos buscando sanidad.
Dorcas, por su lado, nunca parece haber pedido nada,
ni de Pedro ni de sus amigos. En lugar esto, su corazón
estaba centrado en el servicio y uno de sus mayores
dones fue el amor que sentía por otros.

    Dorcas vivió en Jope, una hermosa ciudad costera,
aproximadamente treinta y cinco millas de Jerusalén.
Hermosa, pero a veces dura, porque la mayoría de los
hombres vivía del mar. Perder a un esposo o a un hijo era

un suceso frecuente para las mujeres del lugar. Dorcas vio esto y respondió a la necesidad. Aunque ella era viuda, Dorcas no se quedó estancada en esto ni en su pasado. Ella continuó con su vida, «haciendo buenas obras» y proveyendo a otras viudas y otros necesitados con ropa que ella misma había cocido.

Algunas traducciones bíblicas la llaman «discípula», lo que es el único momento en que se usa este título para una mujer. Es posible que haya servido en la iglesia local como diaconisa. No es de asombrarse, entonces, que cuando se enfermó repentinamente y murió, los creyentes en Jope que la amaban tanto, inmediatamente mandaran a buscar a Pedro. Cuando él llegó, estaban llorando su muerte, pero las viudas rápido le mostraron a Pedro los vestidos y mantos que ella les había hecho.

Pedro se conmovió por la devoción de ellas y les pidió que salieran. Luego de arrodillarse junto a su cama para orar, Pedro dijo el nombre de ella y ordenó simplemente: «¡Levántate!». Y ella lo hizo. Pedro la tomó de la manos y la presentó a las otras viudas. Muy pronto,

todo el mundo en el área supo del milagro, lo que resultó en que muchos vinieran al Señor. Todo porque Dorcas tuvo el corazón y la confianza para servir a otros.

Ser sierva hoy día no es fácil. El trabajo es arduo y largo. Pero cuando ese trabajo es hecho en el nombre del Señor, hasta la destreza más sencilla con una aguja e hilo puede convertirse en una excelente herramienta para la evangelización. El servir es un don, y Dorcas demostró claramente que cuando tenemos la confianza para servir, aunque sean sencillas maneras, pueden ocurrir grandes cosas. (RR)

Colaboradoras

Michelle Medlock Adams (MMA) tiene un currículo muy diverso que incluye la redacción de libros inspiradores, libros ilustrados para niños y tarjetas postales. Sus escritos han sido publicados en revistas por toda América, incluyendo *Today's Christian Woman* y *Guideposts for Kids*. Michelle vive en Forth Worth, Tejas, con su esposo y dos hijas, y un pequeño zoológico.

Katherine Anne Douglas (KAD) ha escrito numerosos artículos y libros, y ha contribuido en varias antologías. A Katherine le gusta dirigir el grupo de estudio bíblico de mujeres en su iglesia. Ella y su esposo viven en Fulton County, Ohio.

Ramona Richards (RR), es una galardonada escritora, editora y oradora. Es además la editora de libros de ficción para Abingdon Press. Ramona ha escrito nueve libros y es colaboradora frecuente en colecciones devocionales, incluyendo *Secrets of Confidence*, *Heavenly Humor for the Woman's Soul*, and *Heavenly Humor for the Dieter's Soul*. Ramona es una gran fanática de la música en vivo y por eso le encanta su ciudad adoptiva, Nashville, Tennessee.